滄海橫流
要此身

張燦輝◎著

流亡哲學人講座

目　錄

我的哲學之路

回應時代的哲學

[推薦序1]

哲人與流亡：序《滄海橫流要此身》

張楚勇｜香港城市大學高級特任講師退休

　　20世紀英國學者歐克秀（Michael Oakeshott）形容哲人是「受思辨所害的不能自拔者」（victim of thought）。他的意思是說，哲學思辨是一種對所有思想內容背後的根據或前提的假定，不斷進行尋根究底式的知性拷問。任何結論，在哲學上都是臨時的。因為除非我們停止思考，否則，所有思辨在過程中達至的有關結論，其背後的根據或前提的假定，總是可以作出進一步和更深一層的探索。因此，嚴格說來，哲學思辨是個無涯涘的追尋。哲人對思想的拷問，是一種不斷啟航的知性釐清和加深認識的行為。哲人在這旅途到達的所有目的地都是過客，因為哲人會對到達了的目的地可能引發出的、未被探索的新路徑或潛在的通道產生不可自拔的好奇，於是便不能自已地再走上思辨拷問的征途，邁向無涯涘的思考。

　　哲人如果不能在他生活的所在地進行哲學思辨，或者他那不斷尋根究底式的知性拷問活動，受到了掌管公權者的禁制、懲處，甚至迫逼其思辨活動服務於當權者的政治目的，那麼，哲人

為了忠於其無涯涘知性的追尋,便有可能被迫流亡。否則,哲人很可能從「受思辨所害的不能自拔者」,變成是被政治迫害成為工具者,因而無法繼續進行真正的哲學思辨。

我和本書作者張燦輝都是在戰後香港成長的一代。張燦輝是我的學長輩,畢業於香港中文大學哲學系。我自己則畢業於香港大學,修讀的是哲學和政治學。我們這些在戰後香港土生土長的一代,看到香港 1949 年後,成為了來自中國大陸不少哲者學人和文化先輩的流亡地。這些華夏知識人,基於種種政治或文化的因由,其思想或作為不容於掌控公權的黨國體制,因此只能避秦於這大陸南端的英國殖民地,否則便不能繼續他們在思想上和文化上自主的追尋。

在這方面,相信錢穆先生和一些當代新儒家的主要學人,他們在流亡香港後所產生的文化思想貢獻是最為顯著的。錢穆和唐君毅等幾位先生在九龍桂林街創立的新亞書院,旨在於香港這彈丸之地延續中華文明的命脈,以抗拒自五四運動以來,他們認為的那股在文化和政治上全盤反中華傳統的狂飆,其在思想和教育上取得的成就,在世界史上的流亡知識界中,算得上是佼佼者。為國民政府草擬 1947 年頒布的中國憲法的當代新儒家張君勱先生,在 1949 年國共內戰後,被新中國政權列為四十三名頭號戰犯之一而流亡海外,他於 1958 年與唐君毅、牟宗三、徐復觀三位新儒家在香港發表了〈為中國文化敬告世界人士宣言〉,更是當代以繼承宋明心性儒學為志業的哲人學者,回應中華文明面對

現代性和民主科學挑戰的重要嘗試。

被迫流亡在外的哲者學人和文化先輩失去了故土，換來的，是保住了思想上和文化上自主的追尋和關懷。離散的知識人，在花果飄零的空洞處境中，必須特別自覺和有決心，否則其流亡便失去意義和憑藉。儘管這些流亡的先輩始終沒有視香港這個以華人為主的英殖民地為家，但他們選擇在香港建立其流亡事業，我相信，他們是絕對明白，當時香港的相對自由開放，不受黨國專權和直接干預的客觀環境，構成了他們流亡事業所必須（雖然並非充分）的條件。而這個他們視為非家非故的異地，卻直接或間接地因他們在流亡時所開創的文化、思想、教育等事業而變得豐富起來。新亞書院發展成後來的香港中文大學，當代新儒家在香港栽培出一代又一代的莘莘學子，他們在香港發表的著作，所樹立的風範，是塑造戰後香港成為相對自由而又有現代中華文明內涵的獨特地方的一大原因。

我相信，流亡者不一定只流散於海外。上世紀美國哈佛大學的政治思想學人施克萊（Judith N. Shklar），在談到美國19世紀通過公民抗命和不服從的手段抗議美國憲政中容許黑人奴隸制度存在的梭羅（Henry D. Thoreau）時，形容他在美國國內針對他視之為不義政權的良知抗爭，是屬於最為極端的國內個人自我隔離的流亡者。

年輕時，我讀到台灣的殷海光先生在1960年代受到國民黨專權迫害的經歷時，知道他在堅持其民主自由理念的同時，還強

調要有「隔離的智慧」。我當時的理解是，殷先生在台灣是過著異議者的內部流亡生涯。雷震、殷海光等這些在國共內戰中支持國民政府的知識人，在政府戰敗後偏安於台灣，但他們的自由民主思想、主張和實踐，最終卻不容於國民黨統治下的台灣黨國體制，以致他們表達政見思想的《自由中國》被查禁，實務負責人雷震等被判煽動叛亂罪身陷囹圄十年。而撰稿敢言、不妥協的殷海光後來不能繼續在台大教書，又不能出國作學術訪問和研究。他們在政治高壓的環境下堅持自由思想的論述，為此而作出了不少犧牲，卻在兩岸兩個黨政專權的體制之間，保持和延續了自晚清以來，嚴復通過系統翻譯介紹西方近代經典著作所開展出的中華自由思想的命脈。我認為，這是現代中華政治思想史上，令人動容的了不起貢獻。

內戰後，離散在外的自由知識人張佛泉先生在1954年撰寫其《自由與權利》一書時說：「以前我們讀英美人『無法出讓的權利』（inalienable rights）之說，輒將它輕易放過，實在並未懂得。只有當空前未有的極權統制在大陸上暴興之際，我們纔得了悟英美人何以要講『無法出讓的權利』。」正是文窮而後工，思想家在流亡離散的自覺責任催迫下，往往在理念上取得突破。張佛泉對個人權利的以下認知，便是一例：

　　「無法出讓的權利」之說，其道理並不在人曾有此權利，
　　因之不可以出讓，乃因人一朝有了自由之自覺，即無法將此

自覺出讓。人既已自覺為一主體，即使有意將權利之形式出讓，無奈自由之自覺卻依然還在。至此，人權已無法與生命撕拆得開。故人在歷史過程中，未至自覺自由階段，尚有被奴役可能，但一朝意識到自由，便已無法再將它排除。……人權不但無法由人拋掉，甚至無法為他人所否認。摧殘人權（一如屠宰人群）是可能的，但否認人權則不可能。因一朝不承認人係權利主體，此人便先已自外於人之社會。

事實上，真正的哲人和思想家，他們就是在處於內部流亡的境況時，那種上下求索的思辨追尋，憑著「人既已自覺為一主體」這一意識，是不會消失的。上世紀在中國大陸從反右到文革這段時間的顧準先生，也許是令人印象最深的相關例子。讀他遭受迫害時的經歷，同時看他記下繼續堅持作為「受思辨所害的不能自拔者」的日記，使我感到驚心奪魄，卻又不能不讀。且看看下面兩段：

1966年9月
他們將他從窩棚拖出，按在地上剃去半邊頭髮……當眾毒打，再用磚頭猛擊頭部……鮮血噴出來，濺開去，然後將〔他〕在黃土地上拖來拖去……繼續拳打腳踢，讓血滲進土裡……。

（1966年9月至1968年8月，被批鬥之餘，顧準記下了以下

的事）：

把書架上……讀過的歷史書從頭複讀一遍，又讀了乾隆「御
批」通鑑；系統地讀了馬恩全集二十餘卷，資本論三卷……
其他一些馬恩著作……系統地讀資產階級經濟學；……費四
五個月時間，複習代數，讀微積分，讀線性代數……著手翻
譯喬安‧羅濱遜的《經濟論文集》第二卷，和約翰‧密爾的
《政治經濟學原理》……已成譯稿約四十萬字。1968年8月監
管開始擱筆。

2019年底，我有機會在台北中央研究院的政治思想研究專題
中心談到顧準。當時，我提出了顧準在內部流亡時作出的求索思
辨的重要性的三大理由：

第一，1957年，當中國剛在實行社會主義第一個五年的計畫
經濟時，他帶頭指出，沒有市場和價格機制（這些都是馬列毛要
取消的），根本不可能實行中央規劃。後來他被兩次打成右派，
卻成為共產中國主張市場改革的第一人。

第二，1959年大躍進大饑荒時，他被下放到災情最嚴重的
信陽地方商城勞改，看到哀鴻遍野，人吃人。通過他的經歷和觀
察，得出大躍進的饑荒是政策造成而非自然災害的結論。這比起
諾貝爾經濟學獎得主阿馬蒂亞‧沈恩（Amartya Sen）在1980年代時
提出的，現代社會饑荒的出現是權利分配問題而不是糧食不足的
解釋，早了二十多年。

第三，在他去世前的1970年代初，分析了人類兩大近現代革命傳統（即法國和俄羅斯的恐怖統治與英國和美國的漸進改革）的分別，並大力主張應跟隨英美傳統的努力，使開放改革後大陸的自由派知識人受到啟發，紛紛在1990年代時提出類似看法。

張燦輝在書中提到流亡者「無家的自由」和「有家的悲憤」。這也許是流亡經歷最難令人抒懷的悲哀。對流亡在外者而言，就像施克萊提到二戰時德國猶太流亡者的感慨：「我怎可以在這陌生異地高唱上主之歌！」「無家的自由」，對他們來說，總有那揮之不去的空洞。「有家的悲憤」對內部流亡者更是無日無之的經歷。不幸者如顧準般，更要承擔自身家破人亡、眾叛親離的悲劇。

流亡的經驗，時刻提醒我們，此岸社會人生是不完美的。弔詭的是，人類對烏托邦的一些重要想像和追尋，卻是在流亡期間形成的。馬克思主義便是個最重要而最具威力的現代例子。

現實的不完美，自然會引來哲人和好思辨者的批判，希望尋求改革，甚至是徹底探索臻至完美之道。在西方政治哲學中，柏拉圖的經典《理想國》（*The Republic*），就是這位古希臘大哲，在老師蘇格拉底被「腐敗的」雅典人民議會以「妖言惑眾」的罪名處決後，反思在理念上，如果人類能從頭再來，將如何可能建立一個合理完美又不會腐敗的邦國？

但正如施克萊在反省烏托邦的文章中提醒我們說，如果我們忘記歷史的慘痛經驗，以為現實是可以隨時任意推倒重來，這是極其危險的想法和做法。在討論西方烏托邦思想時，施克萊說，

在湯瑪斯・摩爾（Thomas More）之前，烏托邦的意念只是對理想的想像，這想像既有拓展人文思想深度和廣度的抒發作用，也是對評價現實不足的一些可能的參考標準。但重要的是，當時的烏托邦思想既非是革命性的，更不會被認為是可以用來徹底改變世界，把完美帶來人間世的行動綱領。可是，到了摩爾之後的烏托邦思想，卻愈來愈變成是改變世界的意識形態了。

歐克秀認為，尋根究底的哲學思辨是最具顛覆性的，因為這思辨正是不安於已被接納的看法，要嘗試質疑思想和社會上的主流和根本的共識。蘇格拉底是位徹頭徹尾的哲者，他雖然深愛他的雅典城邦，並願意為此城邦獻出生命，但其哲思對城邦賴以維持政治社會穩定的傳統理念根據，還是會進行顛覆性的拷問。哲人和政治社群的張力，大概因此是難免的。哲人的流亡或遭受政治迫害，歷史上是經常碰上的事。

鄂蘭（Hannah Arendt）在反省納粹暴政時說過，思辨是危險的，但不去或禁止思辨，則是更加危險的事。反思烏托邦的現代思辨經驗，也許印證了鄂蘭這觀點。張燦輝這本談哲者與流亡的書，既是作者近年椎心之痛的個人經歷，其反省的過程，自然又帶出沒完沒了的、值得進一步探索的理念和議題，引誘那些「受思辨所害的不能自拔者」，不能自已地啟航，繼續開往無涯涘之境。至於這航程會抵達到哪些目的地，那卻是後話了。

謹此序。

[推薦序 2]

香港：空間／靈魂

郭恩慈｜香港理工大學設計學院副教授退休

　　約兩年前，張燦輝學兄告訴我，他的著作《我城存歿》和《山城滄桑》在台灣出版了。如今回望，我覺得這兩本書正好總述了他對身為一個「知識人」，開始了對身處的世界環境所作的深切反省、選擇與行動。燦輝學兄很自覺地詳盡分析了他所面臨的人生重要選擇：離「家」出走！身為海德格的專家，燦輝兄很了解離開那一向熟識的生活世界，那個叫「家」的地方——亦即香港——被迫流徙到一個陌生之地，移居後所處的環境，不能再有「在家」（at home）的舒適放鬆，由之而產生的失去歸屬感的難受、不安及焦慮，但也由此而驅使他持續反省與思考。

　　燦輝兄在本書多篇文章中所提出探究的各個問題，讓我想起法國籍猶太人哲學家伊曼紐爾・列維納斯（Emmanuel Levinas）的流亡哲學。列維納斯在上世紀 20-30 年代，離開出生地立陶宛到了法國，但也難逃席捲歐洲的納粹主義，被抓捕進勞動集中營。當時，他感覺自己被貶成為「次人類」（subhuman）。在做苦工的地方遇見一隻流浪狗……他對此慨嘆：唯有處於流浪、流亡的狀態，才可以個體薄弱的能力，去抵抗納粹德國那絕對獨裁的過分權力

的打壓與操控。當面對納粹之極端邪惡，列維納斯只能堅持聆聽內心那個細小的聲音：「我還是個人。」（Human being, Mensch.）[1]

　　燦輝學兄這兩年在台灣與日本各大學的演講，正展示了他身為哲學學者，如何站在哲學角度，一步一步開始反省，人與其生活世界的關係。列維納斯在深陷政治以致思想暴力禁制及操控之際，開始反省身而為人的倫理操守（ethics），如何面對／對抗當時在西方世界橫行的納粹眾人必要遵守的規條（ethos），[2] 相應地，燦輝學兄展述了他本人身處的學術環境，澄清了他所堅持的立場與信念：他首先跟尊敬的師長們（唐君毅、勞思光）作出比較，同時也深切地批判了與其同代的人文學科[3]教授們所採取的「生存之道」。

　　這本文集精彩之處，就是將香港的地理空間轉化為文化精神的空間，勾勒出香港對香港人在本質上實不可分割：香港人除了視香港為「家」，因而為香港整體的將來付出的努力與愛，更塑造了香港「地」的生命力與靈魂。燦輝學兄在本書前言，首先講及香港之為「家」、與其分離之痛：這個家當然是經歷日常、與妻子兒孫共同舒適生活的棲居之所；同時，香港更是精神思想得

1　Doukhan, Abi. *Emmanuel Levinas: A philosophy of exile.* A&C Black, 2012.

2　根據Doukhan，納粹德國壓倒性的規條就是仇外和種族滅絕。頁10，Doukhan, Abi. *Emmanuel Levinas: A philosophy of exile.* A&C Black, 2012.

3　Humanities，即與人類社會與文化有關的科目，所反省探究的，乃是人類最基本問題之討論。譯自英文版維基百科。

以孕育發展之家：燦輝學兄道盡了香港中文大學對他的重要性。他本人生於斯長於斯，在中文大學為香港發展本土哲學教育，這與那些從中國流亡到香港的哲學家，只借助在香港的自由環境，繼續探討中華文化與學術的立場截然不同。另一方面，自2019年後，香港各大學（及在其中工作之人員）受不住強權壓制威迫利誘而墮落、讓大學完全失去了應有的本質及精神。燦輝學兄在〈白色恐怖下的香港知識分子〉一文中，痛批香港的高等教育界，尤其人文學科的教授們，自以為是「國際學者」，盲信大學和政治可以分離，只躲在象牙塔內玩學術遊戲：她／他們專注的，只是所著文章能否在國際期刊中刊登，或勤練獲得研究資助金的技巧，因為這都與職位升等有關。她／他們對所處的學術環境極少作出評論和反思。當時移世易，自由人權極速失去的時刻，人文學科學系的大多數教授們，面對當前極端邪惡的當權者，對抗議政府的民眾殘酷壓制的狀況，卻噤若寒蟬，如常生活；更不要說會願意公開站出來，本著學術良知，捍衛學術使命的尊嚴，大學求學問的獨立自由本質。

然而，大學的象牙塔外，香港新一代人，卻憑著微少力量，為爭取香港特別行政區首長的普選權利而戰，由此而爆發大型社會運動──參與者的政治思想的爭取訴求，漸漸具體地彰顯在空間上，最終成為2014年雨傘革命七十九天佔領中環的地景。燦輝學兄詳細分析了這場革命和平自由的烏托邦色彩，同時也因此而慨嘆中環的烏托邦「一開始便注定要以希臘悲劇式的方式收

場」。然而，縱使希臘悲劇「一貫著重命運的不可逆轉性，若命運註定你失敗，再如何奮力掙扎也都是徒勞」，但也正彰顯了身而為人之偉大，因在面對命運的無情下，悲劇英雄依然選擇堅持抵抗，絕不屈服於命運：「中環的烏托邦中，那些抗共英雄們正是基於這種心態，選擇了抗爭到底。」（見〈烏托邦夢，夢醒了沒有？〉）

離開了家，烏托邦也被毀，燦輝學兄痛批香港已死，香港已變成了xianggang，不再是香港（Hong Kong）了。他現在已無家（可歸），然而，他卻因為身處這「流亡者的無所住」（non-lieu of the exiled），到哪裡去都變成陌生者之境況，思想停不下來，更成為一股批判力量，不斷在香港以外，講學著書，頑強地對抗著強權（及其同流合汗者）那濫捕濫殺毀滅性的、並且同時是威迫利誘順服穩定性的暴力。

近日聽到最發人深省的論述，莫過於英國廣播電台對香港著名導演杜棋峯的訪問，杜導演公開慨嘆：「香港已失去了靈魂⋯⋯包括我和香港，都已失去了靈魂。」我聽了這個訪問，不禁眼淚盈眶，久久不能言。以前香港的電影，著實很具體地塑造了香港文化獨一無二的型態、節奏、生命力⋯⋯然而，這個「香港的生命力與靈魂」無限綻放光輝燦爛的黃金時期，可一不可再，到了今時今日，已幾乎失去了所有光彩。電影界的翹楚黯然、甚至茫然地慨嘆：「香港與我，已經失去了靈魂⋯⋯」

讀過了張燦輝學兄的文稿，再聽杜棋峯的訪問，我深深感

受到，持續在思想的學者，真正在實踐著藝術的導演，他們的分析、批判與慨嘆，正是包含著對失去了的香港無限的愛、思念與憤慨，因為香港的土地空間，就是他們的思想、藝術得以棲居、得以成形、得以發展的空間；香港靈魂，就正是他們的靈魂。

[推薦序3]
流亡之苦與靈根自植之道

李瑞全｜國立中央大學哲學研究所前所長，兼任教授

　　我與燦輝兄相識超過四十年，燦輝兄大學在崇基哲學系，跟從勞思光先生，我在新亞哲學系，跟從唐君毅、牟宗三、劉述先諸位先生研習，彼此都略有所知；1974年我們進入中文大學研究院讀碩士，正式成為同班同學。1977年我去美國念博士，研究科學哲學，燦輝兄去德國，研究歐陸哲學。之後我們曾先後在東海大學哲學系任教，後來又都回到香港中文大學，燦輝兄在哲學系，我在教育學院，但同住火車站旁的博文苑，成為鄰居。在大學期間，我比較積極參與社會活動。大學一年級就開如參加中文法定運動，保衛釣魚台運動，以至反對大學四改三的活動。在中大任職後，因燦輝兄與關子尹兄之介，也參加過多次勞思光先生的聚會。燦輝兄比較專心於教學研究與攝相活動，辦攝影展，後來也建立香港哲學學會，有不少推廣香港哲學的活動。1989年我們與香港市民自然都參加支援天安門學生的民主運動。1996年我再去台灣，任教於中央大學哲學研究所。臨別，燦輝兄約我與子尹兄一同品嘗他從德國帶回來的三瓶美酒。那天記得燦輝兄自謂

的幾句名言：好酒無量，好色無膽，好賭無錢。記憶猶在。

　　除了 1949 年避秦而南下的知識分子，以至之後幾次逃難來香港的難民潮，大部分香港市民仍然有很多在廣東各地的親友，對大陸在 1949 年之後所發動的各種政治活動和民生生活等非常瞭解，可以說最不容易受中共欺騙的人。我在大學時因為參加一個研究中共立國後二十年的文史哲發展的研討會，有一段時間常去友聯的一個大陸資料庫研讀大陸早年的一些書報資料，包括諸如毛澤東與楊獻珍辯論一分為二與合二為一的大辯論，結果自然是毛主張的一分為二鬥爭勝利，成為官方的教條，等等，因此對大陸的情況，思想模式，以及各種政治術語，有更深入的了解。雖然身在台灣，我依然關懷香港的民主運動，來回香港好多次，也到過夏愨道了解夏愨村的情況。在勇武派攻入立法院那天幾乎全天在看現場的錄映，心中實在很焦慮的，也因為在遠地，更感到有心無力。

　　自 1997 年之後，香港在所謂一國兩制之下，香港人希望能按《基本法》所擬定的進程，步步走向更民主自由的制度。但在近二十年的過程中，卻明顯被中共黨官不斷拖延壓制，希望用政府的權力和宣傳使自己培養的建制派取得勝利，但卻一直明顯被香港市民的投票打敗。泛民主派的議員愈來愈多。而在經過人大三次不斷拖延實現諾言之後，又在 2014 年 8 月 31 日下關閘令，香港人知道民主無望，終於激發了香港市民的強烈抗拒，引發佔中行動和浩大的雨傘運動。首先是 2014 年爆發的雨傘運動。港府

第一次動用催淚彈，在受到香港市民全體的強烈譴責後，港府不敢再進一步行動，暫時改為以拖待變，不用硬手法驅除示威者，於是示威市民佔據中環夏愨道一帶，建立了露營區。白天假日多在講習民主政治和對政府的批評，而示威群眾中不少中小學學生卻在營帳內讀書做功課，大學生也常幫忙補課等，互相幫助，市民不斷的提供飲食、激勵和解決許多食宿衛生的問題。

我認為每次這種自發的社會活動都是最好的公民教育，因為，這都是年輕大學生們主動組織和發揮自由的權利和創意的行動。由此形成香港20世紀70年代以來的「和理非」的一代、二代的人。香港人已經具有主動認同和支持香港是自己家園的信念。這包括青年到中年的示威者，與香港一般市民已共同認同「和理非」的基本信念。因此，香港市民不但不認為示威行動有害公共交通、商業的活動，反而更多加以支持，如在示威路上常擺放飲料等給路過的示威者，主動救助虛弱而暈倒的示威者，而示威者也從來都不乘勢傷害路旁的商店、不會破壞公共設施或反示威的官方和中共媒體機構。如我們所常見的，百萬人的示威場合都會讓救護車順利通過的場面。這是官方媒體所不能否認的示威者的公民素養與和平理性的表現。但在雨傘運動佔領中環的行動，經過近二多月的堅持，港府後來下了禁制令，而夏愨村村民在佔領七十九天之後和平地自行撤走。

後來在2022年特區政府改選時，換了曾在大陸受警察訓練而且在雨傘運動和後來的反送中行動中表現凶猛的警官擔任，引

進更俯首聽命的官員。但同時，雨傘運動的和平示威和失敗也孕育了更為勇敢和年輕一代的示威者。

反「送中條例」運動的發生，是因為2019年，香港一名男子在台灣殺害女友之後逃回香港，因被中華民國政府通緝和要求遣返已回香港並受拘留的男子引渡到台灣受審，港府與中共黨官藉此提出「送中條例」，實質上是讓中共可以利用這條條例把被中共通緝而在香港流亡的異議分子和香港市民解回大陸受審。這不但是不公義的條例，也違反中共自己推銷的一國兩制的《基本法》。但中共不但利用人大委員會在2019年拒絕依《基本法》和自己一再拖延的承諾——在香港推動進一步的民主制度——而下令關閘，即永遠不會有超過當時的反民主的選舉制度，並要強行通過「送中條例」。由此引起市民的強烈抗議，有兩次超過百萬市民上街的示威。但這次港府奉中共中央之命，不但沒有讓步，反而由解放軍表態恐嚇，會由深圳出兵來鎮壓示威者。但勇武派並沒有被嚇退，更有提出香港獨立革命的說法，與極權和以殖民地心態看待香港的中共對抗。港府開始動用警察的暴力，加強警察的裝備，對示威者加以攻擊和拘捕。政府的暴力不斷升級，並動用鄰近的大陸和新界的暴民或黑社會襲擊示威者和無辜市民，做成多項惡劣的圍捕、毆打、圍殺和拘控。最後以軍裝警察圍攻大學和學生。

其中最讓燦煇兄痛心的是警方發射超過兩千枚催淚彈和無數橡膠子彈，以巨大的火力攻打中文大學，使中大的校園和學生被

摧殘至極。而中文大學校方和教職員都不敢發聲支援學生，反而屈從港府的暴力。燦輝兄奮起為文，強烈批評中共和官方的襲擊大學，毀壞大學的獨立自主和學術自由。而中共不但沒有收斂，更由人大訂立更毒辣的《國安法》，摧毀香港的法治與自由，使香港成為與在中共極權控制的大陸城市一樣，人民被強制和不得有任何反共的語言、消息和行動。燦輝兄乃知不能再回香港，也因為香港已非昔日的自由港，中文大學已非自由獨立的學術天地，因此也不願再回去，遂自我流亡國外。我也深感悲痛，正如唐、牟與勞先生等堅決反對專制獨裁的中共政權毒害我的故鄉和中國大地上的同胞，我也決定不再回香港和被中共控制的大陸地區。此正如燦輝兄常引用的勞思光先生的斷言：「我回大陸只有一個條件，就是共產黨變了，或者，我變了。現在共產黨沒有變，我也沒有變。」我們也可以說：如果中共不改變獨裁專制的制度，或我自己不改變支持自由與民主，我永遠都不會踏上中共統治的地區一步。

燦輝兄把此書與前兩部哀悼中文大學與香港被摧殘的書，即《山城滄桑》與《我城存歿》合成三部曲。而貫徹這三部書的不只是嚴詞批評中共的暴政，更是傷感我們美麗的家園被毀，讓我們成為無家可歸的流亡者。家的意義是因為它連結我們與家人和居所與地區的一切事物的不可分割的連結，是我們自身人格同一性的不可分的部分，所以被硬生生割斷必有徹骨之痛！燦輝兄痛心指控這是我們「有家歸不得是為流亡之苦」，可說一語道出

每個流亡者的椎心之痛！這是古往今來一切的流亡者最深層的生命之痛！此更見獨裁者之違背人性、摧毀人倫的最惡毒的罪行。專制獨裁者不但竊據了本屬我們每個人所擁有的政治的基本權力與主權，自由自主的生活與生命，而且同時以暴力摧殘被迫接受而實是在家中流亡的人民，與因為不能接受其毒害而流亡國家之外的人民。1949年流離在中國大陸之外的所有的流亡者，包括勞先生和業師唐君毅與牟宗三兩位先生，一生都是在如此無法彌補的人間與生命殘缺之中逝世，可謂抱憾也抱恨於天地之間而無盡者！

　　唐君毅先生在1961年端午節曾痛心地發表了我們共知而深受感動的〈說中華民族之花果飄零〉一文，細訴他們那一代受到的「絕望之境」的哀痛。而這種徹心的哀痛，不但一直出現在壓迫他們的中共的政治暴力和語言上的種種道德誣衊，如被中共長期汙衊為「反共反華」的「民族漢奸」，也滲雜了國外一些以西方研究方式和對中國文化的歧視的「客觀的學術態度」，特別使其中比較年輕的流亡者在學術上和在生活上被排擠，苦上加苦，不但生活有困難，而又無法申訴。流亡之苦在於外在的希望與信心無法保持，而絕望之境日日逼近！唐先生深知並說出流亡者如此絕望之苦，故反響很熱烈。但唐先生為怕年輕人真正陷於絕望，故再為文疏解，期流亡者可以在「花果飄零」之惡劣情況之下仍然能「靈根自植」，衝破此絕望之苦。唐先生指出，流亡者之有如此之苦，實因為「我原已先有種種安和天下，使世界成有

秩序之世界，望中國人人之思想皆免於馬克思之奴役，希望從事政治運動者能合作無間，以共求收拾山河之種種理想。」（唐先生著〈花果飄零及靈根自植〉）但這也只能由流亡者自己真能肯定自己的理想，知道此中的理想實無人可以摧毀的，由此建立自己的自信而自立，在異地各自發展自己的知能而自立自強。最好是能協同所有流亡者，互助提攜，以誠敬相待相扶持。這不正是我們今天流亡者的寫照，以及可以讓我們繼續為中華民族、為全人類發聲、振奮在外的流亡者與在家的流亡者，共同為天下所有被摧殘折磨的同胞努力奮鬥的希望所在嗎？我相信這正是燦輝兄這三部書的深意所在。

2024年11月27日於台灣

前言

秋風不用吹華髮，滄海橫流要此身！

——元好問

從沒有想過出版這本書。

2023年應聘到新竹國立清華大學客座教授一學期，開一門哲學研究所的課程「死亡與年老哲學」。6月中受國立中央大學李瑞全教授邀請，出席「鵝湖會講」，談「死亡與老化：西方與東方」，我和瑞全相識超過半世紀，同是中文大學哲學系同窗，「年老」正是我們關心的議題。座談會中認識了一位在輔仁大學任教的黃麗綺教授，相談之下，發覺原來麗綺老師和我一樣在德國佛萊堡大學攻讀哲學博士，我們的指導老師竟然是夫妻關係，當然我比麗綺年長很多，她算是我的佛萊堡大學小師妹。我對她明言，現在再沒有純哲學的學術興趣，我關心因香港淪亡後，如何以哲學面對的存在危機。

回英國之後，麗綺寫信詢問我：「張老師，如果您時間允許的話，在您下學期訪台期間，可否邀請您來輔大哲學系演講？我初步的構想是上下午各一場，一場談您的哲學研究，一場談您對

於香港與新儒家的看法。……下午這一場，我比較希望能請您談談您對香港的政治狀況與文化的關係，談談您對反送中的反思與觀察，以及您對中文大學精神的喪失的感受，這部分您會談論到勞思光先生或唐牟都由您決定。我希望輔大的學生能聽到文化對於一個國家的真實影響，念哲學的人對於社會運動的責任與參與的必要。您用生命在展現這些，這樣的生命很有力量也很有傳播力，我很希望自己與輔大的同學有機會能夠聽聞。」

麗綺的邀請便是我 2024 年來台在不同大學演講的因緣。

2024 年 2 月初我重回新竹國立清華大學客座教授一個學期，講授「烏托邦及其不滿」一課。這應該是我最後一次在大學的面對面教學。自 2012 年正式從香港中文大學哲學系退休下來，只是兼任教席；2020 年中從香港自我流亡到英國，也在網上授課。直至這兩年能到清華大學客座，再一次親身面對學生談論我的思想，誠一樂事。

我已到耄年，被迫離家出走，再不能和親人共聚；有家人病重，咫尺天涯，不能回去探望，令我悲憤莫名，當然是自我有意識的選擇，取無家的自由，而不願意在白色恐怖下過奴役的生活。

在自由之地，可以逍遙自在，吃喝玩樂，遊山玩水，不理現實境況，沒有人強迫我做任何不喜歡的事情；或重回象牙塔，做純粹學術研究。但是甘心如此生活？身處開放自由的台灣，面對封閉白色恐怖的大陸和香港，流亡在外，可以安心過日？

過去三年在台灣出版的《我城存歿》和《山城滄桑》是對破

碎的家園——香港和中文大學——的反思，2024年來台，應輔仁、中山、清華大學和中研院邀請，作了幾場講座。我不談純粹學術課題，而以作為哲學人數十年來，重新檢討我哲學思想的進展，自我身分、家與流亡意義、哲學教育、雨傘運動以及烏托邦和希望概念等等議題，作為各大學講座的主題。

9月底到日本東京大學和早稻田大學演講，也是環繞香港淪亡的發言。東京大學是紀念香港雨傘十週年的會議，我以英文發言：「The Tragedy of Harcourt Village」（夏慤村的悲劇）。雨傘運動是香港人對強權打壓自由民主的抗爭，儘管注定失敗，但仍不屈不撓地向命運說不，這是我們香港人的希臘式的悲劇。

〈白色恐怖下的香港知識分子〉是我於2024年9月28日，在日本東京早稻田大學國際會議以英文發表的論文：「Intellectuals in Hong Kong under the White Terror」。內容大部分來自拙作《山城滄桑》不同章節翻譯成英文發表，但《山城滄桑》並無以此為題目的文章，這篇是綜合了已經刊出的文字和補充資料，由我重新翻譯為中文而成。因為這文章是我於2024年在台灣和日本的大學講座之一，儘管和《山城滄桑》有重複之處，但也屬於本年在台灣和日本大學的講座。

是以本書九篇文章，記錄我今年在台灣和日本的演講。我不是哲學家，也不是海德格哲學或現象學專家，只是哲學教師和永遠未畢業的哲學學生，是一名「哲學人」而已。這幾個演講是我自覺流亡後進行的，故稱之為「流亡哲學人講座」。

　　書名取自元好問詩句「滄海橫流要此身」，朋友馮睎乾的建議，我毫無疑問立即接受。他之前寫過一篇相關文章，我節錄如下：

　　元好問生於金章宗明昌元年（1190年），正值金朝曇花一現的盛世……

　　金亡前兩年，是天興元年壬辰年（1232年），蒙古大軍包圍汴京，十二月金哀宗倉皇出奔河北。元好問任左司都事，留守汴京，眼見亡國已是彈指間的事，內心無比悲痛，憤而作了〈壬辰十二月車駕東狩後即事〉五首，描述圍城慘況。我最欣賞以下一首，全詩不單用典精到，結尾更筆力千鈞，盡展詩人壯志：

　　　萬里荊襄入戰塵，汴州門外即荊榛。
　　　蛟龍豈是池中物？螻蟻空悲地上臣。
　　　喬木他年懷故國，野烟何處望行人？
　　　秋風不用吹華髮，滄海橫流要此身！
　　　……

　　尾聯「秋風不用吹華髮，滄海橫流要此身」十分矯健，意思是說：秋風不要吹拂我花白的頭髮了，在這「滄海橫流」的時代，正需要我這有用之身！

　　是年元好問四十一、二歲，但已頭髮花白。生於亂世，他

意識到自己有種責任——歷史文化的責任。「滄海橫流」的故實，來自范寧〈穀梁傳序〉:「孔子觀滄海之橫流，乃喟然而嘆曰:『文王既沒，文不在茲乎?』」文，是指文化、制度。

元好問自知無法光復金國，他唯一可做的，是以遺民身分，用自己的筆保存金朝的典章國史、編輯金朝的詩歌總集。他最後真的做到了，以一人之力，寫出《壬辰雜編》、《金源君臣言行錄》、《南冠錄》等六部歷史著作，還為金代詩人編了十卷《中州集》，錄詩二千多首。

元好問是金國最重要的詩人，在華夏文學史上有顯赫位置。我當然不能自比元好問，但我們有共同命運:亡國後之遺民。香港已淪亡，我是自覺逃離專制獨裁政權流亡的哲學人，沒有奢望能回到之前自由開放的香港，所以我和元好問一樣也是遺民，能夠做的便是在自由之地繼續工作，反思我們的命運。

在此致謝馮睎乾的錯愛，以元好問詩句賦予此書名，更是督促勉勵之言!

全書並非以講座的時序排列，而是以內容的方向安排。

第一部分〔我的哲學之路〕，我從回顧自身的哲學之路開始，接續身心狀態處於「夕陽無限好，彩霞正滿天」的現在所關切的主題:年老哲學。

1.哲學作為生命之反省:從生死愛欲到幸福烏托邦

2.年老了，還能做什麼？年老哲學導論

第二部分定名為〔回應時代的哲學〕，從老師輩的關懷談起，三代哲學家回應各自的時代，實則要反思我們要講授什麼樣的哲學，再連結到《國安法》白色恐怖下香港知識分子的現況。

3.三代流亡哲學學者與香港：唐君毅、勞思光、張燦輝

4.哲學為何？我們在大學講授了什麼哲學？

5.白色恐怖下香港知識分子的現況

延續回應時代的哲學到第三部分〔流亡與希望〕，就是香港現況造成的離家、流亡、烏托邦與希望。

6.我們還有家嗎？家與流亡的哲學反思

7.烏托邦夢，夢醒了沒有？

8.夏愨村的悲劇

9.論希望：「烏托邦及其不滿」的最後一課

在台灣的七個講座，是由清華大學研究生鄭栢芳同學根據講座錄音筆錄編寫，後經我修訂後而成全書文稿。對栢芳同學的悉心工作，我由衷感謝。而日本的兩個演講，則由我從英文原文翻譯而成。

在此特別致敬我的朋友張楚勇，他在序言〈流亡與哲人〉中勾勒近代西方和華夏流亡思想家如何面對艱難處境，提醒我吾道

不孤，更要勉力而為。郭恩慈師妹的〈香港：空間／靈魂〉啟示我可以從「香港的地理空間轉化為文化精神的空間」的方向繼續反思。瑞全兄的〈流亡之苦與靈根自植之道〉指出我的流亡思索不單是我們這一代人的悲劇，其實我們的恩師唐君毅先生幾十年前已道盡所有流亡人的悲涼和絕望之處，唯有肯定自己的信念和理想，才能面對現今極權和反人性的暴政。

對瑞全和恩慈兩位中文大學哲學系同門的序言，我深感榮幸。他們的話語啟發了我對流亡與希望關係的深切省思。尤其在面對香港的種種壓迫，我們不再孤單，心中所燃的那把火能驅逐寒冷與黑暗。

後記借著莊雅雯的文章〈是時候交報告了！〉，不僅是對流亡學者的反思，也是對我心路歷程的總結。栢芳同學所說的〈或為渡江楫〉，提醒著我們：即便在流亡中，我們也應有渡過困境的勇氣與決心。感謝雅雯與栢芳。

告別已成為了我生活的一部分，但在流亡的過程中，我從未放棄追尋信念和理想。在這片「滄海橫流」的時代，我仍然相信，我的人生仍是一條充滿希望的旅程。

最後要衷心感謝左岸文化總編輯黃秀如和責任編輯劉佳奇對我這三年來的著作全力支持，連同之前的《我城存歿》和《山城滄桑》，《滄海橫流要此身》是第三本書。佳奇提議這三部曲可成一套書，定名為《思・香港》，是思念，思索，反思香港這淪陷了的家。謝謝佳奇。

我的哲學之路

[1] 哲學作為生命之反省：從生死愛欲到幸福烏托邦

　　我 2012 年退休，已然離開大學這個學術機構，不想再講體制內的學問，而只想談自身生命。然而，所謂自身生命，又非單純個人課題。

　　凡研究哲學者，最後都會歸結到一個問題上，哲學目的何在？如今研究哲學者，在體制內，由學士到博士，拾級而上身至博士者，固不在少數，但哲學博士就是哲學家嗎？若是，那麼 21 世紀的哲學家恐怕多如牛毛。必須說明，在此標準下我並非哲學家。我認為哲學家在人類中屬於極少數人物，柏拉圖、亞里斯多德、康德都是哲學家，多瑪斯・阿奎那（St. Thomas Aquinas）是神學家兼哲學家；但如我輩取得哲學博士學位，甚或身至教授位置，依然不是哲學家。我不僅並非哲學家，甚至連海德格專家亦稱不上，儘管他是我獲取哲學博士學位的研究對象。因為，許多海德格著作我根本從未閱讀，甚至無興趣閱讀。我認為，研究哲學，應由古希臘始，尤其是伊比鳩魯（Epicurus）。他曾說：「若哲學不能治癒人類靈魂的痛苦，則它空洞無物；正如醫學不能治療疾病，便無任何益處。」由此可知，研究哲學目的何在，以及達到何種標準，才算是哲學家。我只不過是哲學老師，將我所讀所

思和學生分享而已。

我最初接觸哲學，即從古希臘哲學開始。到現在我依然認為，古今中外最偉大的哲學家，就是亞里斯多德。無論柏拉圖、亞里斯多德、伊比鳩魯，他們的哲學都不是學術哲學，並非如今人所為，只是在寫論文；而是生命哲學，希望解決人生所面對的種種問題。

當代法國哲學家比耶・夏多（Pierre Hadot, 1922-2010）曾著有《哲學作為生活方式》（*Philosophy as a Way of Life*）一書，他反省說，我們如今所教授的哲學到底算什麼？現代大學體制中的哲學，何異於社會學、心理學、數學？他隨即回答，哲學本來應與我們生命及生活息息相關（此看法正與上述伊比鳩魯相同），但如今它已淪為科目。

最近有位專長社會學與數學的朋友來台探望我。研究數學者，不分地域國界，都必須涉足數論與代數等知識，作為治學基礎；然而，哲學領域中，可有非學不可的基礎知識？沒有。即以我念博士的佛萊堡大學為例，素來是老師認為何種學問值得授予而自由開課，故有時可同一學期開三門類似的課程。全世界哲學系都一樣，基本上並無任何公認基礎知識或入門課程。

上世紀德國哲學家海德格（Martin Heidegger），他於1920年到1925年在佛萊堡大學講學，後轉任教馬爾堡大學（Philipps-Universität Marburg）。他嘗言，必須以生命問題為哲學思考的基礎。以此為前提，他批判現代教育體制中的哲學系，基本上與思考及生命無

關，故而與哲學本身亦毫無關係，相當諷刺：「學術哲學課程所以普遍枯燥乏味，在於試圖用眾所周知的大手筆，以短短一學期時間，向學生傳授世上一切，甚至較此為多者。原要學游泳之人，卻只徘徊河邊，談論溪流潺潺流經城鎮。如此一來，保證學生身上永不會閃現火花，並在其『此在』（Dasein）中，點燃永不熄滅的燈。」單就這番批判，已足以令海德格提升到哲學家境界，且堪為人師表。

康德（Immanuel Kant）在《純粹理性批判》（*Kritik der reinen Vernunft*）有如是結論：「除就歷史層面言，我們永不可能學習哲學；從理性方面說，最多不過是學習哲學思考（learn to philosophize）。」此言相當重要。由此可知，並非寫完論文，取得博士學位，就會變成哲學家，與往聖先賢並列。哲學的真正意義，是如何化思考與學問為生命的一部分。

今天與大家分享我一生學習哲學思考的過程，且此過程，絕非我一人之事，而是每個人都會遇到的問題。

死亡──哲學思考的起點

何謂死亡？我的哲學思考學習，自死亡始。有些朋友或許知道我本來不是就讀哲學系，而是香港大學建築系。在此之前，我從未想過有一日會以教授哲學為職業。然而，為何會突然有此改變？這不得不從我人生一大轉捩談起。1969年聖誕節前，其時仍是建築系學生的我，正與朋友在外歡度佳節，卻驟聞家父因車禍

猝然逝世的噩耗。

在喪禮上，我凝視先父遺體，一直在思考：他每日朝六晚十一，營營役役，為生計奔走，卻在五十四歲壯盛之年，生命戛然而止，如此一生，如此死亡，如此生命，到底有何意義？苦思多時之後，我終於在先父遺體前下定決心，我不希望如你一般，毫無意義走完人生，我知道我應去尋覓某種事物，藉以理解人生意義的問題。

生命無常。先父尚未去世前，我們理所當然認為，他應高壽而終，而非夭逝於壯年。但如果大家到過墳場，仔細看每個碑文，就會明白，根本無所謂「何時應該死」的問題。無論任何年齡，要死就死，此即無常。再者，每天都有人死，為何是他不是我？無理由。此亦是無常。以無常為基礎，往更深處思考，則可知任何存在都非必然，包括我們人類。生命既無常，又有限，我們該如何理解自身存在的意義？此意義又該如何處理？

對於生命來源，我們或許可歸諸於某種簡單的原因，如我的生命源自父親，或對教徒而言，由上帝賜予。然而，若一旦涉及我們存在於世上的意義為何，這個問題則難以簡單回答道，日復一日度過，然後某日逝去。先父五十四歲逝世，而我 1949 年生，至今七十四歲仍健在，較諸於他，我已多活二十年。但在此一生一死之間，到底存在何種意義？若讀過海德格，也許知道他對於存在曾有此問：「為何是有而非無？」（Warum ist überhaupt Seiendes und nicht vielmehr Nichts?）沒錯，為何是有而非無？為何我父親出生？

為何他是有而非無？為何後來又從有化為無？進而言之，為何有我？若問為何有世界，教徒猶可簡單回答，因上帝創造了天地。但上帝創造天地此說法儘管成立，我卻依然不明白，為何有我？為何我出現在香港？為何出現在此家庭？為何生而為男性？一概無理由。我實無以解釋及回應，與「我之所以為我」這連串相關問題。我相信，當日面對先父遺體，兄弟姐妹中，唯我一人有此沉思冥想。不過，若將「我」從一簡單存在，變成海德格意義的形上學存在，我們可開始以哲學方式思考自身的存在。

我大學時曾讀過一本書，名為《流浪者之歌》（*Siddhartha*），由赫曼・赫塞（Hermann Hesse）所著。故事開頭描述主角悉達多（Siddhartha）與友人高梵達（Govinda）離家求道，尋找生命的意義。兩人在旅途上遇到覺者喬達摩（Gotama），並與之對話。深入對話後，高梵達覺得喬達摩所言字字真理，遂決定追隨他。但悉達多認為，雖然喬達摩所說均屬真理，但這些真理既不能解釋人類存在的意義，更難以從中尋獲悉達多自身所求的生命意義，於是決定與友人分道揚鑣，繼續尋道之旅。

每個人的生命皆獨一無二，唯有自己才能領悟，他人不可能領悟我生命之真諦，正如我亦不能領悟他人生命的奧祕。他人所言即使是真理，亦不過是他人生命經歷所結的果實，至於種下這些果實的前因與過程，既無法授受，亦無裨益於受者的生命，因為每個人的生命皆獨一無二，你不可能走與別人所走過完全相同的路。正如我們讀康德《純粹理想批判》這部偉大的著作，是康

德人生思考的果實，我們可以學習這個果實，卻無法學習他的思想過程。換言之，你的生命必須由你自己摸索、開拓、思考、走出來，絕對無法從他人身上學習得到。在此處，你只能做個「自學者」。這就是悉達多為何要離開喬達摩，繼續尋道旅途之故。

尼采（Friedrich Wilhelm Nietzsche）曾於其名著《查拉圖斯特拉如是說》（Thus Spoke Zarathustra）中說：「勿追隨我，追隨自己。」問題是，若能說此言，或能明白此言之真諦者，便不會變成他的信徒；相反地，成為信徒者，則不可能明白此言。眾所周知，如今甚多哲學都已變成意識形態，信徒所在皆是，思考者卻寥寥可數。所以我要在此再三勸勉大家，追隨自己。

然而，追隨自己亦非毫無限制，任意妄為。1960年代，嬉皮風靡美國，當時反對權威、高舉個人、擁護自由之風大盛，每個人都跟隨自己，但這相當危險。追隨自己不是為所欲為，自己所思所想就一律正確。在追隨自己前，必須經歷一個過程，就是問自己有否師法前人，從昔賢往聖中學習其思考方法、理論內容、生命果實等。以此為鏡鑑，進一步反省自身生命，所得出的結論才真正是你的生命。

1977年，我就讀於佛萊堡大學，大學主樓鐫刻有「真理令你自由」（DIE WAHRHEIT WIRD EUCH FREI MACHEN）的字句。因此，我一直覺得，將「Universität Freiburg」翻譯為「佛萊堡大學」不夠好，應稱其為「自由堡大學」。理論上，哲學應是令人自己思考，亞里斯多德說，人為什麼需要教育與學習？因我們必須從自身的

偏見、無知和獨斷中解放出來，使靈魂獲得自由。哲學對不願思考者而言，固然可有可無，但如果你希望自己具備思考能力，則非哲學不可。雖然哲學不能保證你能以哲學思考，但如無哲學則不可能有哲學思考。正如上述，要領悟自身生命意義，固然需要追隨自己，但在此之前，我們還必須追隨他人，尤其是昔賢往聖。但他們已然逝去，我們又如何追隨？方法就是讀書，通過他們所留下的思想果實來追隨他們。而要在哲學思考上追隨自己，首先就要追隨過去其他哲學家，康德、海德格、胡塞爾（Edmund Husserl），全都是主要人物，他們的思想在哲學領域上，皆具指標地位。

我所受的正式學術訓練，正如上述，就是海德格，還有胡塞爾；後來以教授哲學為職業，自然亦以此兩人為教育主軸。我畢業於佛萊堡大學後，先到台中東海大學任教一年，其後又回到母校香港中文大學，我曾生活五十年之地，但如今我已不能再回去這個地方。[1]

我任教中文大學哲學系一段時間後，開始涉足通識教育，中文大學通識教育歷史頗為悠長。我成為大學通識教育部[2]主任後，開始若干改革，包括來台演講與學術交流等，但這些都並非最主

1　編按：相關內容，見本書第三章〈三代流亡哲學學者與香港：唐君毅、勞思光、張燦輝〉。

2　香港中文大學沒有通識教育中心，而設「大學通識教育部」，體制與文學院或理學院同級，是以與大陸和台灣的大學通識中心不同。

要。最主要的是，我將哲學與通識教育融合。

哲學與人生問題

2021年，我曾出版《為人之學：人文、哲學與通識教育》一書，當中講述我如何看待哲學教育及通識教育。我從哲學與生命角度切入，發現通識中心甚少有課程觸及這個人生最重要的問題。以哲學思辨生命，並非單純講述自身故事，而是如何運用學問，探討及解決自身所面對的人生問題。必須注意，運用學問並不代表你必須讀通康德或亞里斯多德等人博大精深的學術巨著，你大可完全不明白他們的學術思想，不過卻要學習他們如何看待生命的方式。出於以上想法，因此將生命哲學放入通識教育範疇，作為實踐自身教育理念的基石。

正如上述，我們要向眾哲學家學習，如何看待生命。但他們所講的問題絕非具體問題，而是若干人類必然會遇到的共同問題，並尋求普遍意義的解決方法。就我自身能力所及，將眾多人類必會遇到的共同問題中的五種，納入講學範圍，後來遂發展成「死亡與不朽」、「愛情哲學」、「性與文化」、「幸福論」、以及「烏托邦思想」五門科目。以下我逐一講解這些科目的內容與意義。

死亡與不朽，乃人生最重要、亦不得不面對的問題。基督教徒強調，信耶穌，得永生。然而，何謂永生？何謂不朽？柏拉圖講靈魂不朽（immortality of the soul）與耶穌所謂肉身復活（resurrection of the body）有何分別？凡此種種，當我們面對生命與死亡時，實

無可避免，必須處理。

　　人生另一主要問題就是愛情哲學。試問誰不渴望愛情？然而，何謂愛？何謂情？將「愛」與「情」化作人生經驗，該如何處理？表面上大家都在談情說愛，但若問他們何謂愛情，被問者大抵皆無言以對。華夏文明本無「我愛你」的概念，在座各位可否於1900年前任何一部古籍中覓得此三字？起碼到目前為止，還沒有人找到。為何在我們的傳統中，並沒有任何概念可對應「I Love You」等外語？為何華人都不會說我愛你？這個問題值得思考。西方人與東方人認知「愛」這個概念完全不同。佛家視「愛」與「貪」「欲」「渴」等為同義詞，為十二因緣之八。呂洞賓稱「愛」是「色身日益長成，貪淫等心已開，而生種種愛欲」，但「尚未實愛欲之境也」。由於愛欲「尚未實」（填滿），故需要拿取、爭取、求取，亦即十二因緣之九，「取」。「取」是「色身強壯，愛欲日盛，而馳求恣取色聲香味觸等以實愛欲之境也」。由此可見，佛家的「愛」，與西方人「我愛你」之「愛」的內涵完全不同。華夏文明則以「情」代「愛」，例如我與你有情。以「情」代「愛」其實頗為奇怪，因為「情」並非動詞。然則，我們又應如何理解這個問題，以及上述種種問題？為此，愛情哲學這門課得以確立。愛情問題，西方人談得極多，而以雅正中文寫作者則似乎甚少論及，即使近數十年亦然。

　　與「愛」「情」必然相連者，就是性事（sexuality）。談及「性」，世人常嗤之以鼻，避而不談。然而，誰與「性」無關？在座每位

聽眾，包括本人，誰非誕生自「性」之中？如無父母性行為則無我們，此豈非自然之理？出生後，又每個人都會有兩種「性」，一則性別，二則性向。因此，我們每個存在都是「性」的存在，所謂「sexuality」，絕非單純與性行為有關，其內涵比流俗所理解的複雜深奧得多。「性」與文化也有莫大關係，這事實也常為世人忽略。我認為大家必須理解此等問題，故開設性與文化這門課。

以上所談種種問題，死亡、不朽、愛情、性，凡此種種，都可歸結為「欲」與「不欲」，而我們所欲者，往往又與幸福及快樂相連。問題是，何謂幸福？

何謂快樂？正如愛情，幸福快樂似乎很容易理解，但當我們果真深究時，被問者大抵亦是無詞以對，或說來模糊不清。幸福問題涉及烏托邦問題，我將在別處另行詳言（見本書第七章），在此我只簡略交待。

亞里斯多德著述極多，當中兩部最重要的即《尼各馬可倫理學》（Ethica Nicomachea）與《政治學》（Politica）。前者主要為幸福下定義，講述我們如何達到「心靈豐富發展」（eudaimonia），從而獲得幸福。除自身心靈發展外，亞里斯多德亦指出，社會環境良劣亦構成每個人是否幸福的主要條件，相關探討則體現於《政治學》裡。這種思想與我們華夏文明，尤其道家一派思想，有所不同。譬如莊子認為，所謂逍遙，就是與他人毫無關係，獨善其身，換言之，逍遙建基於自在之上。正由於此一異同，故我斷言，古華夏並無烏托邦思想，因為烏托邦是必須將個人幸福置於社會條件內。

　　以上種種問題，我認為乃人生不得不面對的問題，誰能離開生死愛欲？誰不希望幸福？故圍繞以上主題而生出這幾門課。然而，這些問題都不是獨立的問題，更不是單純哲學問題，而是環環相扣。譬如愛情問題，它牽涉到東西方文化異同的比較，且必須透過跨學科研究，從不同角度切入，如文學、哲學、心理學、社會學等，方能捕捉其全貌。當然，追根究柢，愛情問題最終仍回歸於人類存在問題。因此，探討這些原本就是來自實際人生的問題，即使要以學科方式處理，都不能以尋常學科看待。人生問題不是哲學、心理學、社會學問題，人生問題就是人自身存在的問題。人生或生命乃一整體，並非如學科般被切割成零碎狀態，因此，即使是以學科方式探討人生問題，也不能強行將其歸於某學科下，以單一角度觀察，否則不可能掌握到人生問題。現代大學教育太習慣將所有學問變成各式專門學科，但這種情況必須在人生問題面前終止，人生問題絕不能以如此違反人性與生命的方法探討。以處理生命問題為目標，用學科方式與一眾學生共同探討，思考如何將其變成應用哲學，在中文大學可算是一大嘗試。

　　儘管我在開設這幾門課的方法上，有異於現代大學教育的慣常做法，但仍遵守若干基本原則。譬如，我們課堂上的探討仍需要學術理論支持，而非無根漫談。要以學術方式探討，則第一步依然離不開讀書。為此，我寫了好幾本書，如針對生死問題，則有《悟死共生：死亡之哲學反思》一書。

藉死亡反省人生

　　如前面所說，我的哲學從死亡開始。死亡本身是否荒謬（absurd）？如果死亡本身是荒謬，它如何被思考？應如何看待死亡？死生有何分別？凡此種種，我們從自身處境出發，共同思索探討。香港人很奇怪，極懼怕死亡，但凡與死有關，莫不諱言。若有人死亡，他們會婉轉用「走」、「去」、「逝」等代替「死」，連與「死」諧音的「四」亦不能講。若大家到過香港，仔細觀察會發覺頗多建築物都沒有第「四」層樓，尤其十四樓，因為「十四」在廣東話中，與「實死」諧音，意謂一定會死亡。身邊人都諱言死，我卻不禁問：既然死亡絕不可能逃避，為何我們要害怕與諱言？難道你們希望不死嗎？破除害怕死亡的迷思後，我們便必須追問，為何會有死亡？死亡，並非因為絕症或不健康，而是基於極簡單的理由：有生便有死。

　　這個看法我是從海德格所著《存在與時間》（Sein und Zeit）一書習得。他指出，切勿以為死亡自外於生命，事實上，生命即包含死亡，每個存在本身就已有死亡在內。孔子云：「未知生，焉知死。」但在海德格而言，卻是「未知死，焉知生。」正好與孔子相反。由這種生中有死的觀念裡，我們便可以知道，死亡並非人生盡頭，而就是人生的一部分。若持此觀念，則我們自可坦然面對死亡在任何時刻突然來臨，以及死亡必然會來臨。正如上述，「何時應該死」這個問題並不成立，因為海德格說，我們出生當

刻就已經可以死去，生就是死的根本原因，無生則無死。當然，我知道，所有宗教都輕視此看法，因為他們主張死亡並非盡頭，而是另一生命之始，基督教如是，佛教如是。但我們不妨想像，如生命是終而復始，死後轉生，則生命將成何種狀態？如果真有永生與天堂，永生所寓居的天堂又是何等光景？大家若讀過文藝復興巨擘但丁（Dante Alighieri）所著《神曲》（La Divina Commedia），其描述的地獄、煉獄、天堂，則大概可知基督教的天堂是何種模樣。簡言之，天堂光亮無比，所有人都不需要上班、吃飯、睡覺，只需終日高唱聖詩，以歌頌上帝，捨此以外，別無其他。天堂完全由永生這個理型撐起，實我們人類生命全部投射的結果。各宗教均宣稱死後世界如何，單憑此一事實，即可知死後世界不過是死前世界所構想而來。若果真有永生與輪迴，我們根本不需要處理生死問題，反正死後自然會於別處再生。海德格分析死亡時，明確表示他反對基督教義所主張的永生。因為人類若能永生，則對於生命本身，又該如何面對及描述？故此我說悟死共生，生命就是我們唯一能理解之事物。諱言死亡者，往往認為談論死亡乃屬悲觀之舉，但我認為，諱言死亡，妄想永生者，才是真正悲觀，而且無知。人不可能永生。

有生所以有死，因此我們思考死亡，其實是反省人生。無人知道死為何物，狀態如何，它只是生的極限（ultimate limited）。伊比鳩魯嘗言，當生之時，仍然未死；當死之後，已無意義。我們不能知道何謂死，實由於所謂知道，乃預設我們有身體，而這個

身體有感覺。如果沒有感覺,則所談皆虛,毫無意義,故說死後無意義。由於死後無意義,所以我們思考死亡問題的意義不在於死亡,而在生命,在人生,在反省生命與人生。若你明白何謂「藉思考死亡以反省人生」,則自然會明白,人類所以怕死並非懼怕死亡本身,而在於不知死亡為何狀態,死後光景如何,是否會受懲罰,甚至愁子憂孫,擔心他們貧餒飢寒。總言之,就絕非死亡本身。

　　哲學給我機會將死亡問題逐漸思考清楚,而我這個思考,始自柏拉圖。眾所周知,化死亡為哲學問題的第一人是蘇格拉底。蘇格拉底在其申辯中明言,死亡不過兩個可能:第一,猶如無夢睡覺般;第二,如前往他處(相關內容,柏拉圖在《自辯》〔*Apology*〕一文有詳細記載,見該書40C-41C)。若是前者,實在不錯;若是後者則更妙。若我死後可前往他處,而該處聚滿荷馬等古希臘先賢及我諸位已逝親朋,可與他們日夕相對,酣飲暢談,何其快哉。如果真有此地我也想去。問題是,我不認為有這個地方,亦不敢奢求。基於以上想法,我認為死亡本身對我毫無意義,最主要就是生存。我們應該思考如何令人生有意義(如公義、幸福、愛情等問題),而非思考死後生命如何。若將思考都放在死後,人生卻毫無思考,則如此人生,不如沒有。

　　最後,我再次強調,死亡本身無意義,死亡而有意義者,在於藉思考死亡以反省人生。

生・死・愛・欲

去年我在台灣出版一套上下兩冊的《生死愛欲》，分別是《從希臘神話到基督宗教》及《從中國傳統到近現代西方》兩部分。這套書是我在中文大學歷年來思考與著述的總和，以東西方文化比較的方式處理相關問題。

《從希臘神話到基督宗教》由柏拉圖講起。處理死亡問題，我們需要透過柏拉圖所著的《自辯》來理解化死亡為哲學問題的第一人——蘇格拉底——其想法如何；同樣，處理愛欲問題，亦必須由柏拉圖入手。在古希臘文明中，愛欲之神愛洛斯（Eros）與死亡之神桑納托斯（Thanatos）乃一對密不可分而極重要的概念。故本書何以名為《生死愛欲》，為何「生死」會與「愛欲」相提並論，原因即在此。

西方傳統之「愛」起碼分為三種，即欲愛（eros）、德愛（philia）、神愛（agape），它們是「愛」的三種最主要形式，其中「philia」又被視為「最高形式愛」。這套觀念深刻影響西方人「愛」的觀念，直到現代仍然如是。

柏拉圖在《饗宴》（Symposium）中提出，最重要的就是欲愛，這與亞里斯多德看法微異。所謂愛，就是欲，就是追求，追求不在我自身裡面之對象。因為該對象不在我裡面（不屬於我），所以我欲，我追求，這就是愛。對象可以是任何事物，自然亦可以是人，也可以是抽象觀念，如真、善、美。柏拉圖所說的欲愛，

乃單向而不對等之愛；與此相反，亞里斯多德所說的德愛，則為雙向而對等之愛。他在《尼各馬可倫理學》第八及第九卷中論之甚詳，於此不贅述，大家可自行參閱。

神愛或聖愛，主要發揚自基督教的《新約聖經》，這種愛已達乎追求世界和平的大愛、博愛、明愛（caritas），類似佛家慈悲與儒家之仁。因此很明顯，聖愛絕非一般男女情欲的愛。但是基督教這種聖愛精神，並非鐵板一塊，首尾相貫，即使回歸到最純粹的研究上，對比《舊約》與《新約》如何看待聖愛問題，亦會發覺彼此之間看法不同。在處理這個問題上又需要另費一番功夫，才能梳理出雄踞西方文明上千年的基督教，對於「愛」乃作何想法。

《從中國傳統到近現代西方》這部分，源自我有種想法，認為過去三十多年在雅正中文世界裡，甚少人寫而且頗為避諱相關主題，愛情或情欲既不能寫，死亡問題亦甚少觸及。因此，我立志要重新整理華夏文明對這些主題如何看待及處理。華夏與西方處理相關問題的方式與態度截然不同。正如上述，古華夏並無「愛你」這種觀念，儒家「仁者愛人」及墨子的「兼愛」，與所謂男女之愛毫無關係，在華夏古文獻中，西方文明那種「愛」，基本上不存在。面對如此現象，我們必須要問，為何這樣？這也是我試圖回答的一大問題。

西方自上古伊始，歷經文藝復興與浪漫主義風潮，迄今為止，對於「愛」所作的反省與發展，屢有突破。譬如現代心理分

析認為，欲望對人類這種存在相當重要，我們所欲所求，皆從心理變化而來。此說影響甚大。基於相關研究理論，他們不禁對眾哲學家提出質疑：哲學家果真了解愛情嗎？不少哲學家，如柏拉圖、尼采、叔本華（Arthur Schopenhauer）等，皆終身未婚，因為愛情太麻煩。而康德更是當中佼佼者。當然，已婚或有過愛情經驗的哲學家亦不乏其人，如海德格與漢娜・鄂蘭，以及沙特（Jean-Paul Sartre）和波娃（Simone de Beauvoir），他們都是哲學家。不過，身為哲學家，他們能否依憑自身體驗，就愛欲問題提出哲學主張？

現實生活中，我們經常耳聞「此愛非真愛」之類言語，然而，如果有所謂真實的愛（authentic love），則到底何謂真愛？真愛應該具備何種條件與狀態？若追根究柢，我們甚至要問，何謂真？我這部書其中一項所要表達的訊息即在此。

出版這部書，追本溯源，可追溯到我年輕時所出版過的另一本小書：《將上下而求索：給明慧的二十封信》（與周兆祥合著）。正如我在《生死愛欲》開首時所說：它是我歷年來思考與著述的總和，可謂「路漫漫其修遠兮，吾將上下而求索」。正因為在這個耗盡一生以「上下而求索」的過程裡，我明白到生命問題並非容易回答，因此希望將這些思想果實化為著作，留給後人，希望多少有所裨益。

我一生在香港生活，未嘗受戰火洗禮與暴政蹂躪，從未意識到，無論中共國抑或台灣，一直處於各式災難中，受盡荼毒折磨。昨日與朋友參觀台北景美白色恐怖紀念館，認識到自50年代以

來，台灣人如何在白色恐怖的壓力下，力爭民主，對抗暴政，並為此犧牲無數仁人義士的性命。如今白色恐怖在台灣已成過去，然而在香港，它卻處於現在進行式。香港如今已然巨變，但這種變化，對我們反省生命是否一無意義與價值？大家不妨思考一下。

以上所述這部《生死愛欲》，我希望透過不同方向，探討人生問題，而非知識、理論、學科問題，因此切勿將此書當作歷史或理論哲學書閱讀。這部書既作為我歷年來思考與著述的總和，自然與我多年來所嘗試的教育方法以及各式著作，具有某種一致性（consistency），亦即有一條主軸貫徹始終，而這條主軸，就是人類處境與生命問題。對於這個問題，我們每個人所給出的答案，並沒有任何一個可自詡為永恆而絕對。大家的答案，皆僅供他人參考，作為養分，以刺激更多思考與答案。人類處境與生命問題，乃實存問題（existential problem），而非理論問題（theoretical problem）。實存問題不只要思考，更要處理，是我們無法避免、必須面對的問題。

年老哲學

2023年，我曾在網上開課講授死亡與年老哲學。談論死亡哲學者甚多，但談論年老哲學者很少，將兩者相提並論者則更稀有。對於死亡與年老的關係，就我而言，不過是「若非早死，就要老去，別無選擇」。年輕時，我們極少想到年老與死亡的問題；到年老時，我們才會發覺自己既未早死，且逐漸老去，此時才會

意識到這句話的存在。然而，老去既非必然之事，在我們的世代之前，更非常態。過去由於醫療尚不夠好，人多短壽，故古人有所謂「六十不稱夭，七十古來稀」之說，因此，過去大部分人都難以體驗老去，即使帝王將相亦然；但是，如今人類隨便都可活個八、九十歲，除非自殺，否則死亡不易降臨。

所謂「若非早死，就要老去，別無選擇」，就是我們生命的最大命題，而如前面所說，由於死亡本身對我們並無意義（除非它作為反省生命之用），故這道命題中兩項選擇，唯老去才有意義，由是引申出我對於生命、死亡、年老又一結論：生命的反面不是死亡，而是年老。死亡，就是一切已然過去，既然都已過去，自然再無任何問題，即使有問題，也只是仍然在生者的問題，死者則一無所知。但年老卻完全不同，它不只是問題，更是極多、且極大的問題。在老去過程中，我們日復一日感受自身生命、身體、能力逐漸衰退，飽嘗折磨。年輕時，我們總認為自己有無限可能與將來，一開口就是十年後要如何如何；但老年人卻是「今日唔知聽日事」、「做一日和尚敲一日鐘」的心態，自知時日無多，故言談總不敢及遠，最多不過說明年之事而已。此乃年輕與年老之間的一種明顯差異。面對老去，我認為所需處理的最大問題，在於如何面對失去（loss）。包括身體與能力衰退這種失去。譬如逐漸失去記憶力，經常話一出口，隨即忘記，或閱讀時，從以往過目不忘變成如今過目即忘。這些變化令人不禁訝異，怎麼可能？然而，你不得不面對現實，昨夜所閱讀的書籍，或備課的內

容，翌晨便忘記，反而不知不覺間說出二十年前讀過的書。不僅如此，除自身外，亦不斷失去其他人、事、物，例如朋友、親戚、師長相繼逝世，或更大處境的失去，如我們香港人，連自己的家亦已失去。凡此種種失去，我們應如何面對及處理？年老哲學正是為這些問題而生。

與年老共同出現的就是長壽，年老即長壽，長壽即年老。我們經常祝福他人長命百歲，過去很多人中道而夭，長壽與年老並非常態，不是每個人都能體驗到。惟如今情況卻相反，人類可活到八、九十歲，除非自殺，否則死亡不易降臨，但很多人的年老生活，就是每日等吃、等睡、等死，試問這種年老生活，單純以一生物狀態的存在又有何意義呢？如此，長壽似乎又與生命意義牴觸。但儘管毫無意義，世人依然希望長壽，畢竟大家都害怕死亡。於是在這種恐懼的推動下，很多人又由長壽這個可能出發，突破界限，將希望延伸到不可能的永生、長生不老、死後世界之類。因為長壽從過去的非常態，到如今已變成常態，所以人類或許認為，在科學不斷進步下，我們可能果真有一天能達到永生。不過，我始終覺得，永生之類只是幻想，實在是由於人生短促而痛苦，且只有一次，所以幻想自己的生命無限。

談到生命無限，就連帶出一主要哲學問題。海德格提出人生的有限性（finitude），並思考如何面對及處理這種有限性。何謂有限性？簡言之，出生屬於非必然；死亡屬於確定。不過，除非自殺，否則我們不自知何時會死，由是導致死亡具有不確定的確

定性（uncertain–certainty）。換言之，死亡無可避免，因此是確定的（certain）；但又不知何時將至，所以又是不確定的（uncertain）。相反的，出生非必然，但出生後，生命格局基本上已然奠立，無可動搖，由是每個存在，都有必然性，令出生具有非必然的必然性（unnecessary–necessity）。是否會出生並非必然（unnecessary）；出生即已存在又必然（necessary）。不確定的確定性與非必然的必然性兩者所共同構成的，就是人生的有限性。以上所述，種種生死愛欲問題，正是我去年出版此書之內容梗概。至於死亡與年老問題，亦會詳盡在另一本新書《死亡與年老哲學》中討論。

我現正於清華大學擔任客座教授，本學期所開設課程，正是開頭時所說，五門科目中的最後一門——烏托邦及其不滿（Utopia and its Discontents）。柏拉圖及湯瑪斯·摩爾（Thomas More）所描述的烏托邦，表面上乃完美國度，然而，正如「烏托邦」希臘原文「outopos」的前綴「ou-」或「eu-」所揭示的，這個完美國度，的確只是表面上，或更精準地說，根本就是虛構。因為，此前綴兼有「美好」與「不存在」兩種意思，也就是，烏托邦乃「不存在的美好地方」，嚴復翻譯這詞為「子虛烏有所托之邦」，正是此義。由此立論出發，我們反思世人的烏托邦傾向，烏托邦是否果真值得我們追求？本課目前已講及一半，上星期談到從古華夏的小國寡民與桃花源，到近現代中國之洪秀全太平天國、康有為《大同書》、孫中山天下大同思想等，乃至於如今習近平所說的中國夢，其背後理念全屬伊甸園式。這種伊甸園式的理念是否毫無問題？

理想是否必然正確？動機純正而善良，就必然會帶來好結果嗎？類似問題，都是本課程所欲探討的內容。待課程結束後，我會將課堂內容集結成書，公諸同好，希望能對此問題的討論收拋磚引玉之效。

1977年，我出版人生第一部書籍，即上述《將上下而求索：給明慧的二十封信》。出版此書時，我仍相當年輕，面對人生各種問題，我將自身不成熟的想法一一寫出來，因而有該書的誕生。最近，我又在撰寫同一系列的另一部書籍——《夕陽西下幾時回：給年老明慧的二十封信》。我撰寫前一部書時，年方二十四，到今年剛好七十四歲，五十年過去，我已垂垂老矣，故欲藉此書回顧我一生所走過的每段路，並重新思考當時想過的問題，以我如今處境，又應如何處理及面對呢？並設想假如明慧猶在，亦應如我般，早已年華老去，他就如同我一位老朋友，我對他講述過去五十年自身種種經歷，世界如何變化，到最後當然就是談死亡問題，尤其如何面對死亡。

這本書仍未完稿，希望在不久的將來可以面世，與大家分享我人生最後一個時期所思所想。以上，就是我多年思考結果之梗概。謝謝大家。

對話與回應

張存華教授提及，現在很多年輕人並不知道如何為生命創造理念。生命於他們而言，可以只是過程，不需任何意義，在毫無

意義下，生死愛欲或烏托邦問題，根本不重要。那麼，要如何建構生命的意義？烏托邦作為理念，此理念如何建構？若理念永無辦法達成，則它又代表什麼？人生問題絕非單純是自身問題，而是我與他人的問題。譬如，若我死亡，就會影響到他人，如我家人的生活方式；我的愛欲，也會與別人扯上關係；我心中的理想，亦需要伙伴一同實現。然則，單純以自身角度思考問題，和從人與人間之關係思考問題，有否不同？若有，又有何不同？

對於這些提問，我的見解如下。

正如先前所說的，我並不認為自己是海德格專家，但我受他影響甚深。他曾指出，大部分人皆非其自身真實存在，而只是隨波逐流，人云亦云。朋友說從事金融或科技可以賺錢，就去從事，並未想過是否適合自己；社會上大部分人都早婚，亦不顧自己準備與否，就輕舉妄動，與他人建立家庭，誕育子嗣。基本上，這些人都只是活在他人與社會的期待中，並未為自己而活，如此一來，要覺得真正的自我談何容易？要這些人醒過來，開始思考及尋找自我，也許需要若干契機，譬如，面對親友死亡，或自己患病，當這類足以撼動人心卻不常發生之事，如投鵝卵石於一潭死水而產生漣漪般發生，就有可能激發思考，使人開始反省自身感受、選擇、所作所為、存在意義等等人生整體的問題。當然，如果連這些事情都無效，或是這些問題對其人而言，委實太沉重，沉重得使他武斷地認為毫無意義，故避而不想，則我們亦無可奈何。我們必須接受，這個世界上大

部分人都只想到吃喝玩樂、爭名逐利等，其餘真正的問題一概置之不理，盲目度過一生。

當然，正如海德格所認為，無論你願意與否，生命問題確實存在，它們存在於你每個失眠的夜晚，每個忙碌的白日，每次快樂與痛苦之中，每段愛與不愛及被愛與不被愛之間，每個變化或不變，儘管你可以不斷逃避，卻無法否定它們存在。但是，即使我們思考，亦非隨便胡思亂想便可得到答案。正如開頭時說的，我們需要借鑑前賢往聖的生命經驗，閱讀他們所留下思想果實，獲取思考基礎與靈感。也唯有如此，當我們面對生命的虛妄與荒謬時，才不致於被嚇倒，得以坦然面對一切。

其次，我們從日常閱讀中學會不少理念，很多人的學習方式，就是將這些理念死記硬背，活剝生吞，然後如數家珍，一一複述出來，便認為自己已學會思考以及從中獲得行動力。然而，正如前面所說的，每個生命均獨一無二，我們可透過閱讀，汲取前人生命思想果實的養分，卻無可能、亦無必要複製他人生命，生命必須由自己創造。因此，若我們不能將閱讀所得，轉化為自身生命的一部分，而反過來要自身生命跟隨學習所得行動，則不可能建構出屬於自己的理念，這類人只是在用他人理念來推動自身行動。換言之，創造生命必須主動（active），不能如同看電視或手機般，被動（passive）接受他人餵食之思想渣滓。

無論我的生命，抑或我所做學術，皆非老師教導的結果。我從未上過一堂課，叫生死愛欲，除了海德格在《存在與時間》談

及死亡外，現實中沒有老師教過我死亡哲學，遑論愛情哲學及性愛哲學，一切都是我自己讀書後再細加思考而來。

歷史上有部分哲學家，無視於外在環境改變，怡然自得，逍遙自在，當中最著名者莫過於莊子。莊子這種精神，導致他不需要朋友，他認為只要自己能融和於天地，與「道」同在即可。如此自在（自由），乃個人自由，但我並不欣賞這種自由。人類這種存在，我認為必須置於人與人的關係裡，才有意義可言，如只有我，沒有你，亦沒有他，便如欲正衣冠者卻無銅鏡，如何能理解自己？故此，沒有他者的我，並無意義。

當然，他者的存在最終仍然是為我者，而「我」除我之外，不能用任何其他事物掌握了解，因此，他者雖是銅鏡，但透過這面銅鏡以認識「我」，畢竟仍是我者。不過，正由於這面銅鏡使我們知道，人類是社會動物，如亞里斯多德所云。佛洛伊德也說，人生痛苦可分為三方面：第一，自然災害；第二，肉體疾病；第三，心靈受傷，亦即人與人關係中產生的痛苦，譬如遭受背叛、冷待、欺凌之類。這類痛苦雖屬負面，但它們亦是使生命之所以有意義的部分因素。換言之，無論正面或負面，它們都為生命帶來意義，故值得去體驗，而這種體驗必須建基於人與人的交流之上。由此觀之，莊子所崇尚的逍遙自在，在我而言，可謂毫無意義。不過，我並不反對他們依憑自身方式生活，畢竟生死愛欲問題並無標準答案。只是我認為，人不能離群索居。

談到標準答案，又令我想起如今在世界各國大行其道的所謂

「幸福指數」(happiness index)。這種指數所據以為參考的項目，不過是收入及財產等物質條件而已，完全不客觀。當然，統計者有時也會加入某類社會條件，似乎是比較客觀，但在我而言，幸福與否，又根本不是客觀問題，反而在於情、意義、自我實現等層面上，且這些層面需求，必須與他人共同達到，不可能獨自完成。

主體性 (Subjectivity) 是比較哲學的問題，以主體性談人類發展，自康德、黑格爾 (Georg Wilhelm Friedrich Hegel)、費希特 (Johann Gottlieb Fichte) 以降，都如此處理。康德取消上帝發展主體性，以人類自身為思考本位；海德格則更進一步，連主體性都取消，而提出「此在」。「我」並不單純由我，而是由我、你、他，共同建構。我受海德格影響甚深，因此，我並不用主體性為思考與觀察角度。我們的世界，並非單純由時間與空間建構出來，而是由存在的意義所建構。這種建構自然含有物質在內，但更主要則是文化，以及人與人間之關係。一旦牽涉到人與人，就不可避免有各自的價值判斷，進而有矛盾，乃至衝突。

通識‧大學‧哲學

與其他的大學課程不同，通識教育的各門課程並無所謂「應該要學」，任何人可隨意修習任何課程，選擇自由極高。「任何人可隨意修習任何課程」體現出通識教育精神，因為通識教育的用意，本來就在於培育學生成為全人 (full or whole person)，而要成為全人，首先就要與來自各方的人一起學習，這種學習模式，正是

「通識」（general）一詞的拉丁語字根「generales」所指謂之意。置於當今的處境，通識教育自然是為大學裡全體師生共同研究某一學問而設。

此外，每間大學都有其創校理念，這種理念往往甚難在背景、目標、治學風氣不一的各學科系院之間貫徹，因此，通識教育作為將全體師生知識海納百川之地，自然肩負起灌輸大學理念予所有人的重責。譬如，中文大學的創校理念，是由新亞書院的人文精神與崇基學院所承載的西方價值疊加而成，在這個理念下，當年唐君毅先生即主張，將通識課程分類，定為「探究人類智性關懷的四範圍」，亦即文化傳承，自然、科技、環境，社會與文化，自我與人文。由此可見，通識教育秉持創校理念，並將其化作規範課程之綱領。

通識教育既然以大學創校理念為根基，則開設何種課程便有一定準繩（criteria）可供參考。學術固然不能脫離時代，但亦不能一味跟隨時代。譬如人工智能、買賣房屋、炒股票之類，都是現今世代主流，但並不代表我們設立課程，就要失去重心，隨波逐流，變成圍繞這類新事物而轉，相反，應是以我們的學術來審視它們。

在大理念及四範圍之下（容許我繼續以中文大學為例），每個老師又各有其教育重心，譬如我即以生命問題為主，我認為此問題相當重要。但它絕非唯一，你不一定要修這幾門課，只要你自己果真懂得如何處理相關問題。在這種「任何人可隨意修習任

何課程」的情況中，我們可以看見，現代大學教育乃一混合自由與專制的奇妙複合體。例如，不同老師就同一主題開設課程，各有風格，學生均可選擇，此即自由；但你必須修完指定學分才能畢業，此又含有專制在內。但無論自由或專制、開設及修習某個課程與否、課程所實踐精神，如是種種皆依一定準繩處理。（參照《為人之學：人文、哲學與通識教育》，香港：香港中文大學出版社，2021）

　　現代大學中，哲學系總被視作可有可無。對大學生而言，某些科系的基本書籍即使你不是該科系學生，但若你未曾讀過，都會被嘲笑沒有資格讀大學。但哲學系卻不然。你沒有讀過海德格，並不會受到同樣嘲笑。這種現象反映出現代人思想，重視知識多於生命，而眾哲學家的思想學問，正好以生命為重，知識其次，故哲學在現今大學教育環境中，自然不受重視。

　　基於如此想法，我認為哲學系同學不一定要成為某哲學流派專家，但你必須從所學流派中，使自己具備人文關懷涵養。更何況哲學系學生身至博士者，約莫十分之一，而成為老師者又更少了。因此，為成為老師而讀書，這個目標也遙遠渺茫，不如先以掌握自身生命為要務。讀哲學的人切忌令自己困鎖於象牙塔內，你必須借助哲學，登上視高之巔以覽世界之小。我經常說，哲學教育（philosophy education）就是為使學生學會探索自身思想的可能。每個哲學家都很重要，康德、黑格爾、奧古斯丁（Aurelius Augustinus）都重要，但他們真正重要之處，就在於引發大家的哲

學傾向（philosophy propensity），而非其思想成果本身。當然，自由思考的前提是自由，如無自由，則無哲學。

（＊此篇原是2024年4月22日於輔仁大學演講整理而成，感謝主持人黃麗綺教授和與談人張存華教授參與，現場提問與回應改寫於最後。）

［2］年老了，還能做什麼？
年老哲學導論

　　這篇的主題為「年老」（ageing），而非「老年」（old age）。

　　「ageing」是個過程，英文的「ageing」亦有「變化」與「成熟」之意，而不專指年老。大部分人都以為，「ageing」問題簡單不過，甚至根本稱不上問題。「ageing」與生命密不可分，同榮共枯，自出生至死亡，皆處於「ageing」這個過程，不論你兩歲、三十歲、九十歲，都在「ageing」之中。但是，今日所講的「ageing」問題，雖然亦含有「成熟」與「變化」之意，但主要是就「年老」來談，且必然與死亡相連。

　　過去我在香港中文大學設有課程，專門談死亡和年老的問題。與「ageing」及「old age」相同，「death」和「dying」亦不能混淆。此處與年老相連者，是指「dying」，不是「death」。生命不是概念，因而也並非固定不變；相反，生命恆變流動，正如上述，基本上是個過程，這個過程就叫做「living」。「living」、「ageing」、「dying」一體，猶如皮肉相連，無以切割。正如海德格所言，「我們出生當刻，就已經可以死去。」（As soon as we are born, we are old enough to die.）他在生命問題上，最重要的思想就是，死亡絕非自外於生命，死

亡就在生命中。

　　既然「ageing」與「living」密不可分，而「dying」又在「living」之中，則「living」、「ageing」、「dying」為一體，只是它們乃由不同角度觀察而得出不同結果，亦即多面，故各有名稱。它們既是一體，也是多面。

　　雖然「living」、「ageing」、「dying」一體多面，但「living」與「ageing」又同時有另一種關係，依西蒙‧波娃所言：「生命對立面並非死亡，而是年老。」故此，兩者可謂「對立統一體」。無論是在海德格抑或維根斯坦（Ludwig Wittgenstein）而言，死亡（death）基本上不屬於我們的經驗範圍，我們無人能經驗死亡，死亡一現就無，什麼都無，自然也無生命。

年老的現象與文化

　　2007年，英國倫敦薩奇美術館（Saatchi Gallery）舉辦一展覽，名為「老人之家裝置藝術」（Old Persons' Home Installation），展品是若干坐在輪椅上的老人人偶，在場內漫無目的遊蕩。這些人偶形象各異，不同種族與身分都有，他們可能過去在社會上叱吒風雲，然而如今都聚集於此處。此處是何處？就是老人等死之地，可能是老人院，也可能是歷史上曾出現各式具類似功能的處所，如棄老山、寄死窯、高麗葬。

　　身陷囹圄者，刑滿就可出獄，甚或終身監禁者猶可假釋；病人入院，痊癒後亦可出院；但要離開老人院，出路唯有一條，就

是死路。故老人院是生命終結之所，在老人院中，所有老人都在等死。

即使並非受困於老人院者，其處境亦無太大分別，都是等食、等睡、等死，謂之三等老人。那麼，年老究竟有何意義？難道僅代表為疾病、包袱、失智、無用、無助、醜陋、孤獨、絕望、煩擾、固執、痛苦、社會垃圾之同義詞？我並不以為然，因此我開始思考，人類年老後，尚可有何作為？

隨著醫學不斷發展，人類夭折率降低，總人口數一再激增，加上壽命延長，老人所佔比例亦越來越大，數據顯示，到2070年，世界將進入超高齡時代。如此一來即形成問題。任何生命到後期，都會出現明顯的生理衰退，衰退然後死亡，此自然之理。但如今問題是，衰退卻死不去。過去不少哲學家，平均年齡都在四十至五十歲，孔子算是高壽，卒年七十二。我常對朋友說，我已活得比孔子長命，七十四歲仍健在，且年紀較我為大者，大有人在。因為如今我們都不容易死亡。過去為人祝壽，每云長命百歲、壽比南山、年年有今日，希望對方長壽，實由於過去長壽並非常態。但長壽就一定是好嗎？如今我們已知道，到八九十歲仍死不去，所需面對的問題極多，且這些問題，有時不只是自身問題。由此觀之，死亡是否勝於不死？

於是我們便不得不問，何謂老年（old age）？年老又如何變老（getting old）？希臘神話中，有位名為畿勒斯（Geras）的神祇。希臘諸神皆不朽，且永遠青春年輕，但畿勒斯卻是位老人神祇，這相

當奇怪。無論是荷馬（Homer）、海希奧德（Hesiod）抑或其他記載，祂都被描述為矮瘦乾瘖而又死不去的老人，所代表的正是衰老，是淒涼而悲哀的角色。據我所知，西方不少老人病概念，皆源自這個詞。過去總認為年老屬於負面，從希臘神話賦予畿勒斯的這種形象，即可見一斑。希臘人認為，年老痛苦、艱辛、令人煩惱、一無所有、無事可為、力有不逮，除等死外，別無存在意義。索福克勒斯（Sophocles）曾說道：「諸惡皆集，無一可欲。」那些「惡」，就是他接下來所說的：憤怒（wrath）、嫉妒（envy）、紛爭（strife）、不和（discord），這些皆伴隨年老而來。所以年老等於悲哀、痛苦、毫無希望，此即希臘人的看法。面對如此困境，我們可有何作為？

東方人，尤其華人，卻不視年老為負面，甚至年紀越老，其氣彌烈。譬如曹操，於五十三歲時，猶有「老驥伏櫪，志在千里」一語；又如東漢名將馬援也說：「丈夫為志，窮當益堅，老當益壯。」也許我們可借鏡他們的經驗，但是，認為自己已是老驥的曹操，無論是吟詩時的五十三歲，乃至於薨壽六十六歲，對現代人而言仍未算老，或最起碼，他或未能體會到八九十歲者所面對的問題；而說「老當益壯」的馬援，當時更值少壯。更何況，他們與西塞羅（Marcus Tullius Cicero）一樣，同屬有一定社會地位與經濟能力者，自然難以明白平民老人景況如何。即就我自身而言，我已七十四歲，活得比他們都長，我如何處理自身時間與生命問題？他們似乎亦不能回答。

死亡在整個西方哲學，自柏拉圖以降，永遠都是重要課題，因為死亡乃屬必然（certain），古希臘相信「人終必一死」（All men are mortal.）。「終必一死」，但並沒說「終必變老」，年老並非必然，無數人中道夭逝，不一定有機會變老，唯有死亡才是必然。因此，死亡是西方哲學重要課題，年老卻不是，相關研究可謂少之又少。

然則，年老作為哲學議題，它有何具體問題？正如上述，首先，是變老而死不去的問題，延伸出來第一個分支問題就是醫療、調理、養老問題。就醫學言，本身視年老為病，但如今這種觀念已逐漸改變。其後隨老人學（gerontology）出現，開始將問題思考轉向如何憑藉控制細胞、藥物調理或醫治、食療、運動等來維持生命，並確保健康。第二個分支問題是經濟問題，即如何在退休後，長者得以維持原有的經濟水平。從經濟問題，則衍生第三個分支問題，社會問題。譬如福利問題，政府應負上多少責任？作為壟斷社會大部分資源的財團企業，又最起碼應為他們因年老而退休的員工，負上多少責任？更重要的問題是，他們實際上負過多少責任？不過，嚴格而言，以上問題都不算是哲學問題，而只是從哲學問題所衍生出來者。

年老的哲學問題

哲學必須開始正視年老問題，因為死不去，導致死亡問題彷彿頗遙遠，而年老問題卻變得極逼切。直到20世紀，西方真正處理過年老哲學問題的書籍，僅止兩部：一部是古羅馬西塞羅所

著《論老年》(*Cato maior de senectute*, 44BCE);另一部則是兩千年後,由西蒙‧波娃所著《論老年》(*The Coming of Age*, 1970)。當然,偶爾會有零碎短文批判探討相關問題,但作為專著,則僅此兩家。故此,年老問題已成為21世紀哲學所應重視及面對之一大問題,無論東方或西方。

從現象學角度切入,若年老是個過程,這個過程,每人各有其經驗與定義,譬如多大算老(how old is old)、老是透過比較而得出相對定義抑或單憑自己判斷而成絕對定義、外貌與實際年齡的對比問題、變老僅是指某特定階段或可囊括整個生命、年老有何意義、年老邁向死亡之諸般事情。

當然,正如上述,死亡問題並非老年人獨有,任何人都可能隨時死亡。然而,面對死亡,年輕人與老人態度截然不同,前者總認為「可隨時死亡」不過是就理論上而言,但自己不會馬上死亡;後者卻知道,這不是理論,而是極逼近的現實,死亡威脅自身存在。故年老不只是與他人比較,更是自知正漸趨生命極限。除此之外,到底何謂晚年,亦視每個人的生命極限何在而定,換言之,這完全屬於個人問題。

若按照以上說法,那麼所謂年老的定義,是否沒有普遍性可言?我認為單就哲學而論,事實的確如此。若用統計學衡量,凡六十五歲(權以此為標準)就是年老,但在哲學層面,我們便必須問,是否所有六十五歲者情況皆同?絕對不是。因此,「年老」絕非單純數字意義或生物意義,更重要在於心理意義以及牽涉其

他更複雜的條件。西蒙・波娃嘗言：「若非早死，就要老去，別無選擇。生命對立面並非死亡，而是年老。不朽只是幻覺。」由此可知，若我們想釐清年老問題，就知道問題的關鍵在於處理生命的有限性。正因為有限性，才有年老與死亡問題，若能把握此關鍵，即能把握年老與死亡哲學問題何在。從有限性問題出發，可知何以「年老」絕非單純數學問題或生物學問題。

由有限性出發，我們就要重新思考，何謂人生問題？年老與死亡如何從人類存在本身呈現出來？也許唯獨人類，方能意識到自身年老，故年老與死亡是個人內部意識問題，也是人類經驗問題。由於是內部意識與經驗問題，因此，我們才能把握年老與死亡，而這兩個哲學問題，遂成為現象學所謂「現象」（phenomenon）。從現象學當中，擘劃出年老現象學與死亡現象學，為後來者奠定規模，使之有所憑藉而繼續拓展，最終令大家都得以用現象學為工具，把握年老與死亡問題，就是目前我們所能為此領域貢獻之事。

回到有限性問題上。基於此問題，則所謂死亡哲學或死亡現象學所探討者，其實並非死亡，而是生命極限。因為正如上述，「death」就是一切皆結束，但「dying」則是趨向生命極限，它與「ageing」同是「living」問題，都在生命之內而非外，更非生命終結，此三者共同構成生命。生命是現存（existing），而非單純存在（existent），釐清此分別，才能把握「ageing」、「dying」、「living」一體之實相。

西塞羅論老年

　　既然生命受有限性規範，則在此規範下，年老者可有何作為？西塞羅的《論老年》有談過這個問題。這部書模仿柏拉圖的書寫方法，雖以對話形式陳述，但通常由一人主講，其餘均為聽眾。此處主講者為老嘉圖（Cato the Elder），聽眾則為斯庇阿（Scipio）及萊里烏斯（Laelius）。他們所談的問題，就是如何理解年老。書中開首這麼說：「美好的晚年始自青年。」（A good old age begins in youth.）很多人覺得，年老的痛苦實源自年輕，若年輕時充分準備，則年老不至過於痛苦。因此他說，「痛苦的年輕人並不會因年歲漸長而日益快樂。」西塞羅認為，從小養成哲思反省能力，自然能面對人生中每個階段所出現的問題，包括年老問題。

　　年老並非不好，相反，它可以變成「美好生活的一部分」（wonderful part of life），問題在於你如何做人，且是自幼至老都必須不斷自我反省與改善。一個人從小就性格惡劣，脾氣暴躁，難道他年老後，會變成溫和慈祥的長者？因此，你年輕時如何，年老亦必如何，這是常識。

　　此外，西塞羅又指出，世人對年老有個錯誤看法，就是不願意承認自己年老。他認為，人類生命便如同四季，我們有幼、少、青、壯、老，猶如四時之有春、夏、秋、冬，萬物有生就有死，有榮就有枯，此乃天道，但很多人卻偏要逆天而行。這種情況在當今世代，伴隨各種科技發明益發明顯，各式整容技

術，令不少人走火入魔，妄想保持青春。西塞羅針對這種心態，強調認老是自然過程，亦是面對年老至關重要的一環。若你不認老，試問又如何面對接踵而來的年老問題？「若你違逆大自然，你將失敗。」

年老是否仍能活得美好，除了如何看待自身之外，亦離不開如何對待他人。最起碼，我們可將自己一生的智慧與經驗（假如有的話），授予年輕人（如果他們願意聆聽的話），令人類智慧薪火相傳，持續不墜，進而免於人類文明墮落。年老者其實任重道遠，切勿妄自菲薄。若能以這種心態踏入晚年，則生命力自可源源不絕，即使八九十歲仍能如十八九歲般朝氣勃發。誰說老人只能等食、等睡、等死？儘管我們身體已然衰退，但只要維持心境澄明，能做之事，尚有不少。此外，即使我們已有豐富智慧與經驗，但仍不該就此自滿，而應繼續求進，孜孜不懈，讀書、思考、專注於一貫興趣或事業，令精神不與肉體同枯。

談到肉體，隨著年老降臨，性欲日漸減退，甚至有心無力，不少人以此為恥，甚至以此為憂，殊不知這正是求之不得的事，因如此可使我們不受肉欲干擾，神志清明，更能專心於自身興趣與事業上，大有裨益於進德修業。當你擺脫性欲，你會發覺生命中有更多事物比性愛更有趣，更多享受比性愛更稱得上享受。你年輕時，可曾試過無求於他人外物的大自在？可曾試過心無旁騖，專精一意於一花一草、一鳥一魚、一木一石之間？若你懂得當中的樂趣，你就會明白，生命本身已然充滿意義，生命本身就

是意義，不假外求。若你能如上述，始終以正面態度面對年老，面對將走向生命極限，試問，死亡又有何可怕？「死亡並不可怕。」

西塞羅算是斯多噶主義者（Stoicist），因此他並不懼怕死亡，亦不會如柏拉圖般，希望靈魂不朽（immortality of the soul）。他不管靈魂是否不朽，總言之，我們獲得這生命，就在此生命範圍內，盡量做好本分，充分發揮所獲生命即可。其思想證明他彷如「知道何時應下場的好演員」，人生就如舞台，一旦曲終，就要人散，天下無不落幕之戲劇。這種思想影響後世甚大，直到如今，仍是對年老與死亡的主流態度之一。我們要積極面對年老、要為自身尊嚴奮鬥至最後一刻、要保持自身興趣與事業、不能因年老就止步不前，這些現代社會所大力提倡的，兩千多年前西塞羅這部小書已然說盡。「老年只有為自己奮鬥、維護自身權利、避免依賴他人並堅持控制自己，直到最後一息，才會受尊重。」（Old age will only be respected if it fights for itself, maintains its rights, avoids dependence on anyone and asserts control over its own to it last breath.）

人生若能做到如此境界，固然甚好；但切勿忘記，西塞羅本身是政治家，有一定能力，且出身貴族，所以他當然可以「避免依賴他人，並堅持控制自己，直到最後一息」。可是他這套年老哲學，並不適用於平民百姓。因此，西蒙‧波娃批判他的哲學。

西蒙‧波娃論老年

相反於西塞羅的積極及樂觀態度，西蒙‧波娃認為，年老乃

可悲而淒涼之事，對窮人尤其如此。直到如今，世人對年老的看法仍深受西塞羅影響，譬如當今世界有不少廣告，都強調年老應如何享受退休生活、如何凝注於自身、如何活得有創意，諸如此類。問題是，世上有多少人無法安享晚年？這些悲慘的事實都被「西塞羅假象」所遮蔽，而西蒙・波娃《論老年》一書，正是要指出這些悲慘事實。

她在書中有一創見：年老是個過程，因而具有時間性。時間性問題因此成為年老哲學的重要課題，而此課題，正是以海德格哲學為背景。海德格嘗言，人類這種存在，基本上是種時間的存在，我們永遠生活於時間中，甚至我們就是時間本身。以此為理論背景，西蒙・波娃說：「就人類而言，存在意謂存在於時間中。我們於現在，透過超越過去，而展望將來。」

老人與年輕人最大分別，就在於如何看待將來：前者認為過去無限，將來有限；後者相反，過去有限，將來無限。儘管理論上我們知道，年輕人亦可能隨時死亡，但情感上我們不願意相信。據統計學數據顯示，如今已開發地區的人口平均壽命已逾八十歲，這形成某種標準，令大家以此衡量自身剩餘多少時間，而產生上述不同年齡所具不同心態。所以，不難在現實中見到，年輕人開口就是十年計畫，但老人卻總不敢遠期，最多只能想明年之事。由此可知時間性為何成為年老哲學的重要課題之一，因為年老基本上是個時間概念。

由時間性問題衍生出另一問題。波娃說：「老年並非人類生

命必然終站。惟經驗與一般事實證明，到達一定年紀後，肉體就會衰退。」年老不只是個人自我感覺，亦涉及他人對自己的定義。譬如搭乘公共交通工具，為何會有人主動讓座予長者？一部分是因為讓座者認為對方年老，故應讓座。此行為即定義，讓座者定義對方為被讓座者，定義其為年老。當然，現實中亦有相反情況，別人認為自己不老，但自覺年老。

其實，上述所引述的波娃所言，有一處應說得更精確，年老並非生命必然終站，更絕非終站，真正的終站是死亡（death）。「相對於生命者，實是老年，而非死亡。老年不過在拙劣模仿生命；死亡卻化生命為定數，某程度死亡藉賦予生命絕對維度，以保存生命。」

我們不能經驗死亡，但我們都知道，自身生命必定有終結的一日。過去幾乎所有宗教都宣稱，死亡並非生命終結，而是永生之始。可是，如今所有哲學，基本上已不承認「死後生命」（life after death），篤定我們只有此生，死亡就是生命極限，而年老則是步向終結，必須要認知此前提，方能知道如何處理年老問題。

儘管波娃就年老問題對過去諸哲學家理論有不少批判，且其態度相反於西塞羅，較傾向悲觀，但相當奇怪，她的結論卻似乎與西塞羅差不多：「若不想老年純是拙劣模仿過去生活，唯有繼續追尋目標，以賦予自身存在意義一途。無論該目標屬個人抑或群體、奉獻自身才智抑或想像力、凝注於社會抑或政治。」她認為老人不應放棄工作，且仍對這個世界著迷與好奇（如同尚未入

世的孩童般），並繼續盡一己所能關懷社會，如此就會有良好的老年。因此，她的答案，依然是西塞羅式的。

當然，這個答案仍有下半段，她馬上補充道：「此等可能性，僅屬於個別特權人士。」換言之，在這個問題上，不能單純聽從兩三個有一定社會地位者的敘事，因為他們大抵不能慮及貧苦大眾的處境，並觸及問題所在，甚至不知道自身說法正是問題所在。西塞羅認為年老問題不過是個人問題，但波娃指出，年老問題不只是個人問題，更是社會問題，社會應肩負部分養老責任，使老有所終。更重要是，當處理年老問題時，我們應將老人當人看待，這不只是供養問題，更是尊嚴問題。如果供養卻剝奪他們的尊嚴，何異於養豬養狗？儘管大家都不承認，但心裡何嘗不是視老人院為垃圾桶，隨意將老人掃進去，一了百了，眼不見為淨，就心安理得，覺得自己已在「供養」他們？波娃提出這些問題，就是要所有人反思，我們整個社會，到底有無在此問題上盡責，令一眾老人皆得以安享晚年？

年老問題的存在危機

對比西塞羅與波娃之言，我們得以重新反思自身存在的危機何在。年老問題的存在危機，就在於「失去」（loss）。失去問題涉及身分認知問題。首先，年老最明顯的經驗，就在於經驗失去，諸如體力、精神、記憶力，這是本身的失去；身外的失去則更多，如朋友、師長、親戚、家人，一個接一個去世；除死別外，

還有生離，譬如這幾年香港政治動蕩，朋友間因政見不同，決裂絕交者有之，反目成仇者有之，相互攻訐者有之，令失去的問題更加劇烈。凡此種種失去，導致老人寂寞無助。人類絕非如笛卡兒（René Descartes）所說，乃個人的存在，而是與他人共存之存在，本身的失去，尚且可忍，身外的失去，則令人無法忍受，尤其失去他人。因此，年老哲學又一重要課題，就是失去。

如何坦然面對失去，如何斷捨離，如何接受其一去不復返的空虛。接受亦非謂自欺欺人，否定已失去人事物之重要性，而是承認其重要性，且承認自己已失去這些重要的人事物，並適應失去他們。僅是適應還不夠，我們應進一步從失去中學習，領略到無可奈何與無數遺憾乃世間常事，人生在世，本來就是萬般無奈，又遺憾無數。當你能達到這種境界，將能諸事釋懷，心中波瀾不驚，雲淡風清。倘能如此，你就能從失去中浴火重生，尋獲新的真我。

談到遺憾，通常不外乎是「為所不當為」（I have done something that I must not do.）以及「當為而未為」（I have not done something I must do.）。譬如過去錯過某人，或與某人反目成仇，或對某人不夠好，或有壯志未酬……凡此種種，都在晚年一一浮現，且明知無法挽回，或自己已然心有餘而力不足以完成。面對遺憾，與其經常回想，為此長嗟短嘆，鬱鬱寡歡，不如承認、接受、適應、領悟，至於釋懷。這一步相當重要，因為面對失去，亦是面對變老其中一環。海德格嘗言，生命永遠未完成，這個未完成，即囊括已不

可能完成的部分，所以生命不可避免包含遺憾。

正如上述，死亡無可避免，當死亡降臨，過去一切都將完結。但死亡前，我們如何面對這一切，重新賦予其意義？這是大問題。在每個老人面前，乃不可踰越之死亡，而身後則是無窮如深淵的過去，夾在兩者之間，我們開始重新反省，我是何人？我可曾做過真正人類？在這類問題前，我們得以將一切已然失去之人事物，置於過去、現在、將來整個生命過程中，重新審視。若仔細審視，你或許會得到很多有趣的問題（雖不一定有答案，甚至答案毫不有趣，沉重至極），譬如，我們如何理解我過去是什麼，生命意義到底何在，因而最大的問題是，我們的生命有意義嗎？人即使活到一百二十歲，也可能毫無意義。

依我的觀察，生命可有不同階段。第一階段，我們接受教育，為長大成人準備，這階段時間長短不一，短則十五年，長則三十年；第二階段，我們長大成人，投身社會，工作、結婚、生子乃至於建功立業，這階段時間亦長短不一，有人工作到五六十歲就退休，有人永不退休，停留於第二階段終老；第三階段，就是所謂退休時期，亦即年老哲學所探討的範圍。退休者有能力因而有自由，選擇擺脫一切工作職務與家庭責任束縛，享受人生，為所欲為。若子女早婚早育，甚至有含飴弄孫之福；第四階段，可分為兩部分，一部分是生病，一部分是死亡。死亡固然是大家都不能避免之事；生病則不一定人人會經歷。此處所謂生病，是指老人因身體機能衰退，而長期受疾病折磨，非謂日常傷風感冒等，

短期內可康復痊癒之小病痛。以上四個階段，共同構成生命。

我從香港中文大學退休已多年，如今正處於第三階段，慶幸身體仍然硬朗，無第四階段折磨之苦。我剛退休之際，其實相當不習慣。未退休時，每天起床都知道有何事要辦，有何工作目標要達成，但離開崗位後，目標頓失，百無聊賴。於是我就面對一道難題：如何處理這種無聊？相信不少退休者，都面對過相同的問題。且最重要的是，這個問題將不知會困擾我們多長時間，因為你不知自己何時死，而且可能死不了。除以一死作為終結外，我們可有什麼較積極的辦法解決此問題？譬如，如何積極度過老年。若退休後仍有精神與體力，確實要把握最後機會，盡可能積極度過老年，否則一旦臥病在床，不死不活時，想再有任何行動也不可得，到時悔恨無及。縱使我相當幸運，能維持健康體魄終老，但死亡總有天會來臨，因此，我也要努力把握每分每秒，盡可能無悔於年老生活。我常向大家期許明年再來台灣，還想舉辦某某活動，但這些都只是希望，或許我已無明年。由此而推向人生每個階段，道理亦同，無論任何時候，我們都要珍惜時間，勿令自己到老臨終悔恨「當為而未為」。

大衛・卡爾（David Carr）嘗言，人生第三階段亦是一敘事時期，敘說的乃自己一生。回顧一生，我們必須問，自己一生可有意義？環繞這個問題，便知道我們應如何理解這一生，進而有條不紊敘述這一生，並將其重新安排一次，置於歷史層面中檢視。若能做到這程度，則我們能總結出畢生經驗，悟得自身生命意義

的真諦；且更重要是，有以傳授後人，這類似於撰寫自傳。[1]

哲學家的晚年

前加拿大自由黨黨魁葉禮庭（Michael Ignatieff）為已故政治哲學大師以撒・柏林爵士（Sir Isaiah Berlin）撰寫傳記，名為《暮景柏林：哲學家在晚年》（*Berlin in Autumn: The Philosopher in Old Age*, 1999）。正如我翻譯所示，Autumn 並非秋天之意，而是用秋天來比喻柏林年老，所以這部傳記，又是集中記載柏林老年事跡。

柏林身為政治哲學大師，不少人都只專注於其在該領域的著述，而或未留意他的老年亦相當具有哲學性。從上世紀初那個最黑暗的年代倖存下來，柏林可謂生於憂患，因此，他認為年老「首要處理之事」就是「如何死於安樂」。但是，身為哲學家，他卻有句似乎不符合其身分的名言：「哲學雖可澄清精神與道德辯論術語，但無法形成意義予生死。」換言之，他認為哲學用處很多，我們可藉以反省，卻無法直接提供生命意義，生命意義並非於哲學得來，而只能從現實生活中實踐並自我肯定，此亦我們每個人的人生責任。

他不只認為哲學無法為生命提供意義，甚至連生命是否有意義的問題，他也一併質疑與否定：「我不相信生命意義有任何意

1　參照 David Carr, "The Stories of Our Lives: Aging and Narrative" in G. Scarre (ed.), *The Palgrave Handbook of the Philosophy of Aging*, Palgrave Macmillan, 2016, pp. 171-185.

義。我從不問其為何物，甚至我懷疑根本無所謂意義，此使我大感安慰。生命為我們所盡量運用，即意義全部。相信我，尋求某深刻而包羅萬有之宇宙論劇本者，乃可悲錯誤。」

回顧過去種種後，自然要將目光轉到將來，亦即如何面對死亡問題。或由於其一生遭受太多恐怖，所以柏林選擇以平靜快樂的方式度過餘生，「閒談與優游自寧之樂，多多益善。記憶、文字遊戲、雙關語等，純言談樂趣，將其一生與嬰兒樂趣交織。」

由葉禮庭這段描述可見，柏林最終將生命與哲學徹底分開，亦不打算再思考意義問題，而只是如同赤子般，單純安享晚年，完全沉醉於生活樂趣中。他這種態度有似於伊比鳩魯（Epicurus）。不過，伊比鳩魯卻對於哲學與生命的關係，卻與柏林持截然相反的立場，他認為哲學使他忘記臨終前所受疾病折磨之苦：「源自回憶一切哲學沉思的愉悅，抵消所有痛苦。」

雖然以上諸哲學大家之言，不一定可給我們生命以答案，但起碼他們指示出一方向，供我們思考自身人生時作為參考。

最後，要向大家介紹西門・克里奇利（Simon Critchley）所著《已故哲學家錄》（*The Book of Dead Philosophers, 2009*）。此書寫得甚好，作者在書中談到東西方一百九十多位哲學家面對死亡的態度。他在觀察這些哲學家的生死觀，並比較東西方哲學在此問題上的異同後，於最後一段提出「生物特質」（Creatureliness）一詞。「生物特質」，其詞根為「生物」（creature），而「creature」則源自拉丁文的「creātūrum」及「creātūra」，本身意義為「創造者」與「被創造者」。

換言之，人類是「被創造的存在」（being created），我們不能自我創造。我們為何會出生，為何出生於此而非彼，為何是此性別而非彼性別，為何姓張而不姓李，他認為，凡此種種問題，都可歸結到我們身為「被創造的存在」，因而一切皆是「不請自來之天賦人贈」（unasked-for gifts）。正如海德格所說，我們都是「被拋入世界」（thrown into the world），由始至終都是被動，所以我們唯一可做，就是「以不導致不滿與絕望的方式，接受自身依賴及有限性，且反過來構成勇氣和毅力。」

生命與死亡

事實上，生命意義就在於我們知道，我們都有過去，我們都會隨時間推移而逐漸衰退，最終死去，且無法改變如此定律。我們唯有接受這種有限性，才能獲得自由，從畏懼死亡威脅中解放出來。「哲學思考，就是學習化死亡為口頭禪的習慣。藉此方式，我們始可面對毀滅。毀滅奴役人類，誘惑大家逃避。當笑談死亡、脆弱、必死命運時，人類接受生物限制，此即人類自由的條件。這種自由，並非被動存在狀態，亦非單純排除必然或約束，而是在接受必然與必死命運所帶來行動限制下，持續行動。我明白這不容易。哲學思考就是學習熱愛此困難。」

人類畏懼死亡，怨恨生命太短，但古羅馬哲學家塞內卡（Seneca）認為：「並非時間太少，而是浪費太多。生命夠長，且可謂相當慷慨，若全情投入生命，就可實現最偉大事情。」若都

在浪費，則生命再長亦毫無意義。如上所述，正由於「living」、「ageing」、「dying」乃同為一體，因此，我們知道生命有限，若我們能在有限之中，盡力生活，也未嘗不可活出無限意義。「真正生活所占分量很少。因其餘一切皆非生命，只是時間。」

從以上所述可知，我們應該尋覓的並非「meaning of life」，而是「meaning in living」。只要我們在生活當中，知道自己是由「living」、「ageing」、「dying」所共同構成的話，就不會害怕死亡，而意義即自然在其中。

生命意義絕非絕對，並無說跟隨誰人才是正確，甚至跟隨本身就是錯誤。生命意義唯有由我們一步一腳印自行實踐出來，旁人無法幫你，亦不得干預你，反之亦然。無論西塞羅、西蒙·波娃、塞內卡還是柏林，他們所述所言，皆其自身生命經驗之結晶，此結晶你只能借以為養分，卻不能照辦煮碗（依樣畫葫蘆），複製他人的人生。

最後，讓我以艾略特（T. S. Eliot）於其《四首四重奏》（*The Four Quartets*）最後一段詩，作為總結：

我們不停止探索	We shall not cease from exploration
一切探索的終點	And the end of all our exploring
將是抵達我們出發之地	Will be to arrive where we started
且是初始認識此地	And know the place for the first time

　　年老就是讓我們重新走回自己生命的原點，反省自己一生的意義。能夠坦誠面對自己，是年老哲學最重要的議題。

（＊本文為2024年7月31日在台灣中央研究院中國文哲研究所演講改寫。）

回應時代的哲學

［3］ 三代流亡哲學學者與香港：唐君毅、勞思光、張燦輝

　　昨天（2024年4月21日）我去參觀台北景美白色恐怖紀念館，得悉台灣二二八事件之後，許多讀書人與一般民眾爭取民主自由與自主，共同對抗國民黨威權政府打壓與專制的慘烈事蹟，很多人慘死或長期監禁。此事已發生多年，我們香港出生的人，對這一切彷彿與我們全無關係，只是歷史與過去。我在德國，參觀囚禁猶太人之集中營，當中詳述納粹如何虐待與殺害六百餘萬猶太人，去年也到過波蘭的奧斯威辛集中營。當時我認為，凡此種種，都應該已經成為過去。但昨日我在白色恐怖紀念館時，發覺這些非但不是過去，更是現在。香港現正處於白色恐怖時代。我在思考，如何用自己的學識和過去（身為生活於香港中文大學五十年之人），以及從我的老師輩的學思歷程，來看待此問題。由是形成今日演講主題：三代流亡哲學學者與香港的關係。

　　三代流亡哲學學者，包括我，以及我兩位老師，唐君毅先生與勞思光先生。這個主題大概可分為三層理解，第一，我們三人對「家」這個觀念的理解，從而引伸出我們與香港的關係；第二，從他們與香港的關係，這兩位無論是在中文大學、在中國、在華

人世界、在哲學世界上，都舉足輕重的哲學家，如何看待香港；第三，流亡，何謂流亡？流亡於他們兩位已然作古者，以及我這個仍然在生者而言，意義何在？我們如何理解流亡？

2009年，唐先生誕辰一百年，亦剛好是中文大學哲學系成立一甲子，其時我正在該系擔任系主任，便藉此機會提議為唐先生立銅像於中文大學。1949年，唐先生在新亞書院，創辦教育與哲學系，此為中文大學哲學系之始。為隆重立銅像之事，我們請來余英時教授撰寫銘文，〈唐君毅先生像銘〉。唐先生與余先生關係甚為複雜，一言難盡。簡言之，1970年代他們兩人曾起衝突，唐先生認為余先生出賣新亞書院，因此，眾所周知，他們兩人後來關係甚差。但余先生在這篇銘文中，不計前嫌復尊唐先生為老師，以「門人」自稱。這個故事，發生於2009年。[1]到2017年，我們復為勞先生立銅像。勞先生1927年在西安出生，2012年在台北逝世。2017年為其九十歲冥誕。

這兩個銅像重要之處在於，中文大學七個銅像中，唯獨它們是由我們哲學系建議樹立，且是系校友會籌款而成，與其他銅像如孔子及孫中山像由校方設立，並不相同。更重要的，是它們代表我們中文大學的人文精神。本來，以為往後我都可以任何時間在中文大學探訪唐先生和勞先生，但如今，一切都已成過去，我

---

1 香港中文大學校園內唐君毅和勞思光銅像事宜，參照拙著《山城滄桑》，新北：左岸文化，2023，頁81-103。

已不能回到中文大學，兩尊銅像原本所代表之人文精神，也已變成記憶。

唐君毅與香港

唐先生1949年來港，他是四川宜賓人，先後就讀北平中俄大學與北京大學，後任教南京中央大學。1949年國共勝負之際，不少人跟隨國民黨離開大陸，前往台灣或流亡海外。其時唐先生的朋友勸他來港。來港後，唐先生即於是年與錢穆先生及張丕介先生共同創辦新亞書院。自1949年來港，至於1978年逝世，唐先生居港共二十九年。唐先生最初並不將香港放在眼內，因為他認為香港作為英國殖民地，本質上就是個原罪，此地絕非他所願意留下之處，故他不覺得自己在香港是生活，只不過是流亡，未到香港之前心中根本沒有此地的存在。[2]但很明顯，他又有異於其他士人，他不願到台灣，因香港可給予他自由，容許其發表意見，所以最終他留下來了。直到1978年他逝世於香港，二十九年間，所有重要著述皆在香港撰寫。故此，香港對他來說，從原本僅作暫留之地，變成終老之所，他到最後都定居於香港。

在香港期間，唐先生基本上與香港社會無甚交往，他大抵仍周旋於中國朋友圈中，並且埋首在新亞書院的工作。一來，因為他不會講廣東話，似乎也不願意學習，自然較不容易了解香港情

2　參照趙敬邦著，《唐君毅與香港》，台北：聯經，2023，頁26-27。

況；二來，他輕視香港文化，認為香港只是經商之地，香港人所思所談，莫非利益，毫無文化可言。不過，他亦逐漸體會到，香港給予他自由與機會，發展自身思想，他後來批評共產黨各式最重要書籍，都可以在香港發表。

儘管如此，香港人實在與大陸人民不同。唐先生與勞先生均覺得，出生於英國殖民地的香港人，並非「純粹」中國人，體內所流的血液並不屬於中國文化，而是受西方影響。所以他基本上不太關心香港人的問題，對於香港，只在乎香港給予其自由與機會，發展自身思想與事業。

唐先生自中國來港時，已屆四十歲，正值中年，他創辦新亞書院，過程備嘗艱辛。書院最初設在深水埗桂林街，幾經波折，到70年代才逐漸遷移至沙田，成為中文大學一分子。在此過程中，唐先生明白，唯有香港才允許他發展教育事業；同時在學術上，他們又受美國雅禮協會（Yale-China Association）與哈佛燕京學社（Harvard-Yenching Institute）這些基金會支持，故漸具規模。

新亞之名，意謂新亞洲。新亞書院，英文作New Asia College，而崇基學院則稱為Chung Chi College。同樣是「College」，為何一者稱為書院，另一者叫做學院？分別何在？崇基學院基本上完全模仿源自歐洲中世紀的現代大學而來；但新亞書院，乃承繼宋明兩朝以來儒家講學的書院制度。由此分別可見，唐先生創立新亞書院，實希望在香港能發展中國文化與哲學，故首先於書院制度上，遵從宋明傳統古制。在此制度中，師生關係極為密切。

書院初期學生，基本上極少香港人，而首個畢業生則是余英時，也是避秦南來的中國人。若大家曾到中文大學新亞書院的圓形廣場，就會見到所有畢業生名字都刻在上面，當中第一個名字就是余英時。

其時從中國逃難到香港的年輕人，大抵無英文根基，新亞書院為提供他們高等教育，故選擇以中文教學。因此，新亞書院，亦即後來之中文大學，其意義正在於以中文教學，建立中式高等教育，欲與香港大學的英式高等教育分庭抗禮，並承擔重振華夏文化之大任，在此建立華人文化基地。

重振中華文化

現在香港大學共有九所，而最重要的正是香港中文大學與香港大學。20世紀初創辦香港大學的英國人認為，香港應有大學訓練專業人才，協助他們管理香港，諸如醫生、律師、工程師，基本上屬於功能性質，故以英文教學。那時代香港居民能進入香港大學者不多，當中全部是萬中選一的菁英。至於以中文教學為主，為保持中國文化的新亞與崇基等學院，自1963年以來逐漸聯合形成的香港中文大學，則為美國支持。和其他香港的大學不同，中大堅持雙語教學，不以英文為法定教學語言。

正如上述，新亞書院承擔重振文化之大任，為華人建立文化基地，故唐先生於1958年，與張君勱、徐復觀、牟宗三諸位先生，共同發表重要的〈為中國文化敬告世界人士宣言〉，這篇文章，

乃新儒家在香港的宣言，當中明言如何肯定中國文化，並稱他們是因為流亡而離開中國，進而大力鞭撻中國墮落，實由於中國共產黨毀滅中國文化。因此，他們提倡應重新肯定中國文化。那時代，台灣仍處於白色恐怖的思想專制中，不可能給予他們機會，發表如此宣言，唯獨香港與美國有這種自由。

　　但是，如何重新肯定中國文化？簡言之，西方人大抵不明白中國哲學，亦不明白整個中國哲學重心所在，其與西方哲學最大差異，就在於著重心性與否。唐先生認為，必須先肯定儒家心性之說，才能肯定中國文化，而重新肯定心性說，遂成為新儒家中心思想。從他們開始（如熊十力先生與梁漱溟先生，包括唐先生在內），新儒家變成運動，而這場運動的發源地就在香港，或更準確地說，是新亞書院。但是，新儒家運動對香港影響不大，彷彿與香港毫無關係，起碼它沒有影響我及很多我在香港就學的同學，香港人普遍不懂也不理解哲學。真正受新儒家運動影響的是美國與台灣，至今台灣還有《鵝湖雜誌》，正是新儒家運動影響的明證。

　　唐先生認為，為使中國文化重生必須重新肯定，這個肯定首先在自由的香港，其後傳到台灣以及美國，如今講中國文化與哲學，都在這三個地方。論重振中國文化與哲學成就，台灣是否最高，我不無懷疑。但如今台灣，正如過去香港，皆是華人世界中較為自由之地。因此，在台學者可藉此優勢推動新儒家運動，正如當初唐先生利用香港這個特殊位置，實踐其理想，儘管這個理

想與香港本土毫無關係。他似乎沒有思考過，如何運用此思想推動香港文化，因為他認為兩者完全無關。他所思所想，都在中國文化與西方文化之對立，他的中國文化從完全抽離香港此地之普遍意義上出發。正因如此，〈為中國文化敬告世界人士宣言〉一文，雖由唐先生起草，並有幾位先生聯署，卻並不完全為當時學者接受，其中反對最力者莫過於錢穆先生。他堅決不參與，且表明自己並非新儒家。不過這又是另一個問題。這宣言是「在」香港發表，但不是「為」香港而撰寫。在唐先心中只有大中華，香港只不過是「借來的時間和空間」。

花果飄零

除重振中國文化外，唐先生另一個最著名的理論，就是他於1962年所發表中國人「花果飄零」的概念。所謂花果飄零，就是說中國文化失去凝聚力。過去中國就是披上儒家外衣的古老國度，但從民國以來，儒家受到全盤批判，其中被指斥尤烈之處，就在於它自春秋戰國後逐漸被統治者利用為統治工具，因此它失去價值，失去吸引力，自然再無凝聚力可言，中國文明進入虛無狀態，如同大樹枯萎而其花葉果實，紛紛落下，隨風四散。大家離開中國後，無論在香港、台灣、美國、歐洲，都是花果飄零。[3]

當時我讀過這篇文章，沒有多大感覺，因為我出生於香港，

3　參照唐君毅著，《說中華民族之花果飄零》，台北：三民書局，1963。

本根就在此，自然不能體會花果飄零的感覺，亦不覺得需要肯定中國文化，我不禁懷疑，中國文化果真如此重要，因而值得研究嗎？似乎不然。但是，就唐先生而言，他身歷目睹中國文化受共產黨打壓並慢慢瓦解，隨風四散這個悲劇，中國學者流亡到全世界。這是他那個時代面對的問題。因此不難理解，何以他的思想重心都放在重新肯定中國文化，如何存亡繼絕，如何處理眾學者流亡在美國、英國、歐洲及其他地方等等。因為如果花果飄零是個悲哀的事實，則我們便要將其扭轉，藉重新肯定中國文化，以再次建立凝聚力。花果飄零雖是悲劇，可是唐先生毫不悲觀。他覺得中國人仍具反省精神，以及自我肯定的能力。這就是何以他會為重振華夏文化而奮鬥不懈的緣故。

可惜，世事相當無奈，供唐先生自由奮鬥機會之地，卻是其「肉軀竟不幸亦不得不求托庇於此」的香港，這個「既非吾土，也非吾民，吾與友生，皆神明華冑」之英國殖民地。他與牟宗三先生均曾說，香港及香港人與他們無關，他們都覺得香港沒有任何意義。若香港果真具有某種意義，那麼該種意義亦僅限於為他們提供立足之地，以及自由發展的機會。他們從沒有當香港人是同胞，在他們心中，香港人並非真正中國人，他們與殖民地建立的緣分不過是一段「孽緣」。

然而，其思想後來似乎有所變化，正如上述。他曾撰有〈說中華民族之花果飄零〉，當中談到靈根自植，指出我們要在所待之地肯定自己，要從自覺性發展出知覺性，進而肯定整個儒家精

神。如此一來，我們就不怕飄零，並可以在任何地方建立自己的根，待根深柢固後，那地方就是中國。然而，他對於現代中國花果飄零的困局所能作出的解答，亦僅止於此。面對「中國之五六億人，無一能逃馬克思思想奴役」，以及一直以來，別人問他如何回家、如何與父母親朋重逢、如何重朝祖宗廬墓、花果飄零何日止息等問題，他自言：

> 中華民族與人類，在客觀上有無歷史的必然的命運？我無可回答。信仰基督教的上帝，是否即能達到我們上述之一切目標？我無可回答。再如某有人問：從客觀上看，中華子孫如何必能自信自守、自尊自重，而不更有些微之奴隸意識？我無可回答。中國文化之靈魂之教育學術，如何必能獨立自主？我亦無可回答。中華文化之枝葉離披，中國民族之花果飄零，畢竟何時了？我亦無可回答。如果人為此一切問題，皆無所回答，而真感受一淪於絕望之境的苦痛，則我可以指出，世間只有一種希望、一種信心，可以使人從絕望之境拔出。此即人由對絕望之境的苦痛之感受中，直接湧出的希望與信心，人可再由信心，生出願力。[4]

正由於這種肯定人的自覺心，故唐先生認為生命不能完全物

---

4 〈花果飄零及靈根自植〉，《說中華民族之花果飄零》，頁49。

化，生命知覺依然要在中國哲學最根本處開花結果。由是生命乃有心性內容。正因為心性，所以中國哲學才不至於完全淪亡。

我最後所要說的，只是人無論在任何環境中，感到艱難或順遂，居自己鄉土或在他邦，沉淪在下位，或顯揚於上位，無論作什麼職業，亦無論人之才性知能之如何，才大或才短，知識多或知識少，然而人總可分為二種，一種是能先自己認識自己，承認自己，有自信自守而在自己所面對之理想中，先能當下直接看見光明的人。一種是只知求人認識自己，於信守他人，於他人認識自己處，尋求光榮的人。前者為人之能自作主宰者，後者則為人之奴意識之始。一切人們之自救，一切民族之自救，其當抱之理想，盡可不同，然必須由自拔於奴隸意識，而為自作主宰之人始。而此種能自作主宰之人，即真正之人。此種人在任何環境上，亦皆可成為一自作主宰者。故無論其飄零何處，亦皆能自植靈根，亦必皆能隨境所適，以有其創造性的理想與意志，創造性的實踐，以自作問心無愧之事，而多少有益於自己，於他人，於自己國家，於整個人類之事。則此種中國人之今日之飄零分散在西方，亦即天之所以「苦其心志，勞其筋骨，餓其體膚，困乏其身，所以動心忍性，增益其所不能」，而使其有朝一日風雲際會時，共負再造中華，使中國之人文世界，花繁葉茂於當今之世界之大任者也。[5]

余英時在其回憶錄中，有一段描述，或許可以說明，唐先生這種樂觀精神，多多少少與香港的自由風氣有關，儘管他本人可能不自知：

> 我在香港五年（1950至1955年），一直生活在流亡知識人的小世界中，和香港作為英國殖民地的工商社會，根本沒有接觸機會。但現在回顧起來，這個小世界的獨特性質，是值得揭示出來的。這其實是中國自由派知識人匯聚而成的社群，生活並活躍在一個最自由的社會中。英國人對香港這塊殖民地採用的是相當徹底的法治，只要不犯法，人人都享有言論、結社、出版等的自由。所以流亡知識人異口同聲說：「香港沒有民主，但有自由。」事實真相確是如此。從歷史的角度看，這一時期的香港，為中國自由派知識人提供了一個前所未有的機會，使他們可以無所顧忌，去追尋自己的精神價值。更值得指出的是：當時流亡在港的自由派知識人數以萬計，雖然背景互異，但在堅持中國必須走向民主與自由的道路則是一致的。這是一個很重要的知識群體，並擁有難以估量的思想潛力。[6]

---

5 〈花果飄零及靈根自植〉，《說中華民族之花果飄零》，頁61。
6 余英時著，《余英時回憶錄》，台北：允晨文化，2018，頁124。

　　由此可見，1978 年前，香港對唐先生而言，就只是個提供自由的地方，讓他發展自身思想與教育事業，至於香港本身，則與他無關。除教育思想外，唐先生對香港社會似乎無甚想法。

勞思光與香港

　　業師勞思光有異於唐先生，他 1955 年來港；1989 年受李亦園教授之邀返台，執教於清華大學；之後往返香港和台灣之間，直到 2012 年逝世於台北。他在香港生活長達五十七年。

　　勞先生家庭背景相當顯赫，他祖上勞崇光，歷仕道光、咸豐、同治三朝，先後出任雲貴及兩廣總督。1860 年，代表清廷與英國簽訂《九龍條約》。勞先生父親勞競九為革命黨人，與蔣介石似乎關係匪淺。因此，勞先生可謂貴族出身，屬於上流社會人士。1949 年，國民黨敗退台灣，勞先生亦跟隨其父赴台。勞先生自始至終，都對於共產黨的專制相當警惕，並不斷反省，故此其時他離開中國前往台灣，多少亦有不願生活於專制政府治下的因素在內。順理成章，他亦不可能願意在蔣介石政府威權統治下生活。當時台灣仍處於大殺異己，鎮壓民眾之白色恐怖年代，故勞先生於 1955 年離開台灣，前往香港。

　　離開時，他寫下〈六年心倦島雲低〉一文。六年，就是 1949 到 1955 年，此六年中，他生活於台北與台南，而無論在南還是在北，他只覺得這地方政治壓力太大，所以他必須離開。

　　對於香港，他又作何感想？他認為自己「不是長住香港的

人」，而且與唐先生一樣，「殖民地究竟是殖民地」，殖民地先天就有問題，是個原罪。似乎當時在避秦南來的知識分子眼中，沒有誰會覺得殖民地是好地方。殖民地就是殖民主義（Colonialism），就是邪惡，這是他們的見解。香港雖然市里井然，街道漂亮，但勞先生不為所動，這個地方對他影響不大。不過，亦與唐先生相同，因為此地允許他自由生活，故其餘一切原罪、邪惡、問題，就瑕不掩瑜了。

此外，從另一角度觀察，香港自1842年變成英國殖民地後，影響中國發展極大，康有為與孫中山都是住在香港。孫中山就讀於香港大學醫科，他之所以萌生革命念頭，正因為他身歷目見英國政府治理香港之良。可見香港對現代中國發展影響何等巨大。正如上文所引述余英時之言，香港不只有自由，還有法治（rule of law），這是最重要的。儘管香港沒有民主，但其整套制度，基本上屬於保護群眾，而非保護政府。不過，勞先生當初畢竟認為，香港「雖信美」，「卻非吾土」，故「何足以少留」。當然，勞先生1955年寫此書信時，絕不可能知道，往後五十七年，他都會留在香港。這基本上與唐先生相同。〈六年心倦島雲低〉一文情理皆備，是理解勞先生當時的心境最好的文章。

勞先生出生於西安，在北平長大，後來輾轉去過成都與台北，再來香港。談到成都，則不得不談其〈憶巴州〉一篇短文。[7]

---

7 這篇文章約於1960年代在香港《新民報》發表。

勞先生曾在四川巴州住過一年，他認為此地是他生平居住過最寧靜、寫意、舒適的地方，其餘任何地方都不能比擬。在此文章中，勞先生雖未提及，但已隱然透露出他對於流亡與「家」的看法與情懷。在巴州，雖然如是寧靜、寫意、舒適，但這種寧靜、寫意、舒適，不同於現代化大都市。他在文中提到，巴州沒有汽車，出入都用滑竿，[8] 而在城內是騎馬，不過通常以步行為主；巴州亦沒有供電，只有由燈草點燃的桐油燈；房屋沒有地板，全部是濕土地。身為世家子弟，又常年居住在西安與北平等名都大城，養尊處優，按理勞先生應甚不習慣巴州生活。然而，從其文章可見，並非如此。他在這些不便中，找出種種樂趣。例如，沒有汽車，馬匹亦不多，只能以步行為主，他就養成與二三鄰里踏青郊遊的新生活方式。

　　由此可見，勞先生雖處於流亡中，似乎無一處是家，然其隨遇而安的性格，卻使他所在皆是「家」。這與唐先生不同。唐先生流亡到香港，從不以香港為家，他一直認為家在中國，祖籍四川宜賓，他希望回去，儘管一生都再沒回去。勞先生一生去過不少地方，最後定居於台北市，長眠於宜蘭櫻花陵園。我必須再次強調，勞先生並不覺得任何一處是他的家，因而處處可以為暫時的「家」。

8　編按：滑竿為舊式交通工具，像沒有蓋頂的轎子，以竹片或繩索橫綁在兩根長竹竿中間，上面鋪被褥，由兩個人抬著走。

正因為處處是其家，所以對香港問題，勞先生比唐先生有更多關懷。他曾著有《歷史的懲罰》一書，我認為這本書實是勞先生最上乘作品。他對香港人，尤其是香港年輕人，曾作出最痛切的評論：

今日海外最與大陸接近，同時知識青年較多的地方，應是香港。我們就香港來看，香港的青年就很少有願意獻身於政治運動的。這自然有思想的、環境的及生活的種種原因。香港是殖民地，一切社會標準都十分不正常。已成熟的人在香港生活，尚不免有迷眩之感；青年們無論是外來的或本地的，在這個環境中度過了童年，他們的人生觀已受了這個環境雕型，而成為一種香港型的青年。香港型的青年最顯著的特徵就是缺乏理想性，缺乏犧牲精神，沒有遠大抱負。就研究學問說，他們不願面對有關文化價值的大問題，而只要學謀生技術；就實際工作來說，他們只要求有較好的待遇，以便有較好的生活享受。他們不切實感到國家之危難，也不明白今日的人類無法苟安。他們一味只構造個人的小世界。談到政治運動，他們只在職業性或甚至商業性的考慮下，方有興趣。說到奮鬥犧牲，則他們會笑你是傻瓜。[9]

9　勞思光著，《歷史的懲罰新編》，香港：香港中文大學出版社，1999，頁xxxi。

　　基於這種看法，則勞先生絕難以置信，何以2014年會有雨傘革命，自然更不可能想像到2019年的香港反送中運動。上世紀70年代末，香港九七回歸問題出現，勞先生思考如何面對香港從自由開放的國際城市回歸大陸的極權統治。因此，他在1982年創辦「香港前景研究社」。他知道當年英國透過《北京條約》向清廷租借香港九十九年的大限已到，故想方設法保存香港。勞先生指出，考慮香港問題，必須從實際角度出發，而香港之於中共國，其最大用處就在於經濟以及現代化，我們應從這裡切入，思考如何保存香港在中共國的位置。不過他亦深明，在中共國與英國之間，香港人從無置喙餘地，甚至連立足處也沒有。故他自始就斷定，一國兩制是騙局，至今其言可謂大驗。所謂一國兩制及高度自治，其實是經濟問題，不是政治問題，它是藉控制香港的資本主義與自由市場，以成就中共國經濟發展；而讓香港人保持其原有生活方式，只是為了達成這個目的下不得已接受的副作用。可是政治控制，卻一步步加強，因而說到底，香港絕不會有真正民主，勞先生早於1997年前已明言。

　　他一語道破共產黨的騙局：

　　　　由這兩面看，我們已經可以知道九七後的香港除了在經濟方面可能有表面的「繁榮安定」，其他優點皆難保持。尤其在以後，中共當權人士很明確地將香港看成一個「顛覆基地」，又將一切抗拒專政統治的觀念與行動，與所謂外國的

「陰謀」混在一起，結果必使香港民意及輿論受到強力壓制。
總之，香港九七後只能在中共壓力下勉強苟全，再不能發揮
推動中國政治改革的作用了。[10]

在前景研究社時期，勞先生再三強調香港九七問題必須有香
港人參與：

最後，我想總結上面所談各點，說說我認為香港居民對
於香港前途問題應該作什麼努力。第一：決定香港前途的權
力在中國，但香港居民自有根據事理，表達意見的權利；所
以，我認為在香港經濟未嚴重惡化以前，香港居民應當面對
問題，形成一種代表香港人意願的共同主張。

第二：香港現在對中國大陸的正面功能，本來是中國當局
所了解的；但是他們對於「一九九七問題」，以及更長遠的
香港地位問題等等，了解上仍然有許多隔膜；為了使香港問
題獲得一個有益於中港兩方的解決，香港居民應該盡量運用
言論，使中國當局對這些問題充分了解。

第三：關於最後形成什麼可行的方案，雖然不是可以由香
港人單獨決定的；但香港居民仍然應該主動研討，形成一些

---

10 勞思光著，《家國天下：思光時論文選》，香港：香港中文大學出版社，2001，
頁268-269。

草案，並作出實際的推動工作。總之，香港的前途要由香港人主動爭取；香港問題的解決要符合中國與香港雙方的利益。

這就是我看香港問題時的主要意見。[11]

很可惜，英國和中國共產黨當然對勞先生在前景社的一切努力，視如敝屣，毫不在意。香港人始終沒有參加處理自己命運的權利。是以當1984年中英聯合聲明刊出後，勞先生知道維持香港前途的努力已成泡影，前景研究社即時解散。

所以中國共產黨答應台灣的一國兩制（而近來馬英九大力附和），若大家相信，若你果真相信，就正如勞先生所說，完全天真與無知。他深知共產黨絕不會放棄任何權力。故此，何以中共如此害怕香港，因為它害怕為香港所顛覆，它永遠視香港為顛覆基地。結果到2019年，就知道中共所害怕者，並非全無道理。最終勞先生離開香港，因為他絕不能生活於專制統治下，至於他到台灣教書，正如他自己所說，也只是隨緣。他再次流亡。他一生都在流亡。勞先生雖然「所在即其家」，然而到頭來，實在沒有家。儘管他在香港五十餘年，亦結婚生子，但這絕非其理想。

1980年代，老師已然諄諄教誨我們，「在共產黨統治下生活是無可奈何的事，但至少不做幫兇，不助紂為虐，不阿諛奉承，不搖旗吶喊。」而最重要的一句話是，「共產黨絕不可信。」對於

---

11 勞思光著，《家國天下：思光時論文選》，香港：香港中文大學出版社，2001，頁186。

這番話，當時我們好像聽不懂。

香港對勞先生很重要，作為大學教授和公共知識人，也盡了責任，在重要時刻敢言批判時事，為香港人在九七問題上發聲。不過我覺得他最關心的是香港這個城市淪陷後，他失去自由開放的空間思考和寫作。但他並不關心香港人爭取民主自由的努力，對香港人自己命運問題也沒有任何建議。他自始至終知道香港人一切努力都是白費的。是以九七後已離開香港，大部時間獨自在台灣教學生活，回香港只是探望親人和見學生而已。香港不是他真正的家，勞先生一生都在流亡。

2012年在台灣祝賀勞先生八十五歲壽慶時，也是他辭世的一年，有朋友聽到他一句感慨的話：「一生是苦多於樂。」果真如此，先生漂泊一生，四處可暫時寄居，但無一處真的為家，安身立命之所。

張燦輝與香港

我1949年出生，到2020年7月18日離開香港，成為自願流亡者，在香港生活七十一年。先前陳述唐先生與勞先生所講那個中國世界，我以前一直認為，除了從歷史和小說得悉，與我毫無關係。我們曾在2019年前這個借來的時間與空間中生活，對外面發生種種大事，譬如台灣二二八事件，中共國三反五反、文化大革命，還有韓戰和越戰，都與我們似乎無關。一直以來，香港深受英國殖民地政府保護，我們經濟發達，又有自由與法治，可

以為所欲為，此地就是個樂土。但是，這些東西都是借來的，有借就有還，如今我們要償還。償還的方法就是清醒過來，發覺自己在香港多年，對於以往老師所講，尤其關於中國共產黨的看法，我們仍處於相當幼稚與浪漫的心態，一直沉浸在大中華主義、民主救中華、「香港好則中國好」等思想，我們妄想應該利用香港的自由主義影響中國，故必須接受一國兩制，五十年不變。

鄧小平說五十年不變，其時我們覺得最重要，然而五十年之後又當如何？我們當時認為，不是中共國影響香港，而是香港影響中共國。香港為中共國帶來自由、民主、法治，令中共國變成美國。在此前提下，我們接受《基本法》以及中共國施捨給我們的自由。最終，一切都是騙局。我們的痛苦，就在我們生活於虛假之中如此多年，而且我們這群人，在世界上從未被人放過在眼中，無論是唐先生還是勞先生，英國人抑或中共國人，都不把我們放在眼內，我們於政治上毫無意義。這是我最大的感受。

我並非不參與政治，但比較低調，低調之中，我常與朋友分享以上見解。這些朋友，不妨老實說，不少如今已身陷囹圄，不過未被判刑。

2014年雨傘革命，予我的最大意義，就是否定勞先生所批判，香港年輕人不關心香港政治這個斷言。今年同為台灣太陽花運動與香港雨傘革命十年，前者成功而後者失敗。七十九日的雨傘革命是個很奇怪的現象，它是用借來的時間去實現某種烏托邦之存在。同時，我們又知道，這個烏托邦將會迅速消失，注定失

敗，彷彿不可扭轉的命運。因此，香港人在2014年時，就知道我們如同希臘悲劇般，命運絕不改變，無論是雨傘革命時和平反對，抑或2019年武力抗爭，做什麼也沒有用。中共國自始至終，正如勞先生所說，絕不會給予我們民主與自由。香港人其實很和平，要求很低，我們並非要求改革，更不是果真企圖革命，而只不過要求你，答應給我們的選舉與制度就要實現，結果你出爾反爾，一再欺騙我們。

1980年代中國相當貧窮，鄧小平知道，要利用香港經濟推動中國經濟發展。發展之後，如今原形畢露，香港對中共國再無用處，反而還隱含上述顛覆其政權之虞，因此，香港不只再無用處，更不應再存在。因此，他們開始大力扼殺香港的思想、言論、出版、結社、新聞自由。2022年，我在香港出版《我城存歿：強權之下思索自由》一書，初版很快售罄，想再版，但其時《立場新聞》和《蘋果日報》相繼被港共政府查封，新聞和言論自由被扼殺，《我城存歿》在港再版已經不可能。最終改為於台灣再出版。

2019年11月12日，中文大學變成戰場，香港警察發射將近四千枚催淚彈入中文大學，當日晚上我也到場觀察。我生活了五十餘年之地，為何會變成這樣？我當時斷言，香港已死，香港已不再是Hong Kong，而只是Xianggang。正如北平變成北京般。現在香港已是「謊言即真理，強權即民主，服從即自由，人治即法治，吃喝玩樂即太平盛世」。這個將兩種互相矛盾概念相等的句子形式，當然是化用自歐威爾（George Orwell）的《一九八四》

（*Nineteen Eighty-Four*）。香港已從過去唐勞二先生所說的最自由之地，變成完全不自由之地。

台灣版的《我城存歿：強權之下思索自由》一書，封面照片是我於1997年香港剛回歸時拍攝，當時我仍憧憬未來香港將如何美好。然而，相當諷刺，這張照片最終成為這本書的封面，這本不能在香港出版的書，且這書出版之日（2022年7月1日）正好是李家超履新、成為香港第五任行政長官之時；這個連大學都沒讀過的警察，卻在統治香港，且同時是七所大學的校監。

當然，不待此時，我早已知道香港絕不能再留下，尤其是我的言論與出版，絕不容於此地，故2020年香港《國安法》確定後，自知不能在此不自由的地方生活，便離開這生活了七十年的家。自我流亡。

2023年我發表另一本書，名為《山城滄桑：回不去的香港中文大學》，封面照片所攝景色，是我最愛的中文大學，結果它如今的模樣令人不忍卒睹。老實說，我認為中文大學校園是全世界最漂亮的校園，有山、水、湖泊，我敢說，台灣每個學院都比不上中文大學，中共國內亦然。但如此美麗之地，我不能再回去。我回不去中文大學，亦回不去香港，而中文大學與香港自身，也回不去，回不去從前。這是個悲劇。

《山城滄桑》這本書被逼在台灣出版，而我早就知道，台灣人對這本書大概不會感到興趣。正如若我寫輔仁大學或清華大學的滄桑，恐怕香港人亦沒有共鳴而不感興趣吧？因為這本書，本

來就不是寫給台灣人看。但這本書至今已第三刷，大概都不是台灣人買，而是全世界香港人，以及中文大學校友。這本書的意義，正如白色恐怖紀念館，在於留下記憶，保存歷史，還原真相，告訴後世人，此地曾發生何事，而我們身為流亡者，又應該及可以做什麼。

流亡・香港

我常常說，我們香港人如今全部都是流亡人。然而，儘管同樣是流亡，卻可以分為「無家的自由」與「有家的悲憤」。我知道如今香港還有很多人，在經歷過雨傘革命與香港憲法保衛戰後，心中依然不服氣。我們有沒有辦法改變現狀？大家身處自由世界，不清楚白色恐怖為何狀，但若你在白色恐怖裡，你就會知道。

我來台兩年，坦白說，教學並非最重要，主要是希望我的兒孫、學生、朋友能到台灣見面。如今香港與台北每日有二十班飛機往來，我不少朋友專程從香港來台探望我。這就是我的流亡態度。

談到流亡，則又不得不稍為分疏流亡、放逐、移民三者的分別。每個人都有自由離開某地，前往其他地方定居，譬如1989年及1997年時，香港人大規模移居英、美、澳、加，後來見局勢無恙又回流香港，這就是移民。移民是來去行止的權力在我不在人。放逐則是，你犯法被逮捕，失去人身自由，沒有權力決定

自己居於何處，而如同雙陸象棋，受人擺布，任意遷移。流亡則是介乎兩者間，一方面，你仍有權力選擇去留，決定去向，但另一方面，你這個選擇與決定，一定程度受外在因素影響，不完全由你意志控制。譬如我是因為香港不再允許我自由思考及發表意見，在種種原因下，可能遭到政治逼害，我就走，我自願離開。但自願離開並非不希望回去，只是回不去。在此方面，唐勞二先生與我相同。

過去台灣，亦如現今香港般，不允許自由思考及發表意見，當時有所謂審查制度。1983年我任教於東海大學，當時上課，學生會「提醒」老師不應有某某言論。這些事，在如今民主與自由的台灣，當然不再可能發生。大家必須牢記，自由絕不可放棄，不要聽國民黨與共產黨的謊言，相信一國兩制，這些全部是胡謅亂吹。你相信他們，自由的台灣便不再存在。

1970年代，我在德國就學，當時德國尚有台灣人，其中不少人都反對國民黨。當中有位朋友，來德多年一直都未畢業。我問他，為什麼不趕快完成博士論文後畢業呢？他淡然回答說：寫完博士論文後，我去哪？那時我不懂得這句說話有多可悲，如今我已明白。當時我取得學位，香港是我家，我回去。如今卻反過來，輪到我有家歸不得，這個家已被共產黨毀滅。或許很多人會以上述唐先生所說花果飄零與靈根自植安慰我，然而，這的確只是安慰，「我心安處是吾家」，果真可能嗎？家，不只是心理上自我肯定，亦牽涉其他事物與關係，例如你的記憶、過去、多年所建立

人際關係等等。我如今住在新竹，新竹很舒服，清華、新竹、台灣都很好，但不是我的家，所以我不希望留下。

流亡，就是已沒有家，沒有家所以自由，這就是「無家的自由」。但香港問題卻遠較此為複雜，因為香港人不是沒有家，只是這個家已被毀滅，與2019年前的家已完全不同，故而我們同時具有「有家的悲憤」。無論我們如何自欺欺人，粉飾太平，都無改香港已非 Hong Kong 的事實，這就是我們當前香港流亡者痛苦與悲哀之處境。

唐先生談花果飄零與靈根自植有一個假設，即每個人本質均從肯定中國文化與歷史而來，我對此並不認同。很簡單，他們生長在西安、北平、上海等，深受中國文化薰陶，自然認為本質應以此為基礎而建立。但我生長於香港，在德國讀書，思想所受薰陶，均屬歐洲文化，因此，我實在不覺得我有需要以中國文化為根基，始能建立我的本質，自然亦不覺得應該繼承其主張。事實上，即使對中國文化本位為何，唐勞二先生立場上亦有相異處。勞先生反對唐先生以儒家作為中國文化最後真理，他堅持開放性，覺得在現代應接通世界，摒棄狹隘的國家觀念。而我則進一步認為，中國文化非惟不獨是儒家，更不是心性論就可作為最後真理或思想核心。如果本質必然由中國文化或儒家學說，甚至心性論所構成，則我不需要靈根自植，因為這裡靈根的前提就是中國文化。當然，若撤除這個前提，則靈根自植自然無所不可，因為它可以是我的生活，我可以生活得更好，亦可以建構個人身分

認知，例如我是在英香港人。我並無意否定或貶損中國文化，我固然欣賞中國文化，亦同意當中大部分內涵，正如我欣賞德國、法國、希臘文化，於我而言，它們都一樣，因為它們從某面向肯定人類價值。我知道唐先生堅持，全世界哲學最後皆復歸於儒家，並以此為花果飄零及靈根自植之本。但我不相信亦不同意，我們現代人在整個遷徙過程中，基本上就沒有肯定說你是什麼人。

總括而言，唐勞二先生並非香港出生，而我出生於香港，與在座大部分出生於台灣的人一樣，如何理解以及保護本土，是我們的責任。我們曾經努力保衛，亦發現自己做錯信錯，自始至終都被共產黨欺騙，最終釀成悲劇。

當今香港的概念到底是如何形成的？香港有位社會學家呂大樂，他曾著有《四代香港人》一書。我父親那代屬第一代，戰後流亡到香港；我自然就是第二代，憑藉自由與自身努力，考上大學。從我們這代開始就在思考「我們是什麼人」這個問題，而首次對此問題產生深刻影響之事，就是1967年香港左派暴動。自彼時始，中共馬上知道，絕不能讓「香港人」這種個人身分認同萌芽。可是，到如今當然遏止不住。不過，這個大問題不是今日所能深究。

今天，我想要藉著這自由的空間再次向大家說明，我們不能以為過去就是過去，二二八不是過去，而是現在與將來，我們必須緊記。政治永遠是最大問題，不要總是事不關己，否則，當你發覺事情關己時，可能已經太遲了。要永遠保持危機感。處理

政治問題不必一定要遵守某套教條或理論，因為世事瞬息萬變，唐先生的花果飄零與靈根自植，可用於他的時代問題，卻不一定適合我們，儘管我們都在流亡。正如我們不一定要用儒家學說一樣。我不相信新儒家，正如我不認為我自己是中國人，尤其如果必須信奉儒家，才能稱為中國人的話。

這是改變。如此改變，乃歷史發展。歷史總是在發展，而並非過去，它一直延伸向前。如同海德格所說，過去不是過去，而是和將來扣在我們的存在中。

（＊此篇原為2024年4月22日於輔仁大學演講。）

[4] 哲學為何：我們在大學講授了什麼哲學？

哲學學什麼？

我幾乎一生都在大學研讀和教授哲學，而今已經退休。回首過往的哲學教學，究竟有何意義？在此，先與大家分享一個小故事。

2000年時，我擔任香港中文大學哲學系教授，大兒子正在英國倫敦政經學院（The London School of Economics and Political Science）就讀大學，主修哲學與經濟學。某天，我問他，修讀哲學兩年以來，有哪些柏拉圖的著作讀過？他毫不掩飾地回答，沒有。我又問他，有讀過康德的著作嗎？他再度回答沒有，並反問我，為何一定要讀柏拉圖與康德？雖然倫敦政經學院在英國享有盛名，地位崇高，名師輩出（如卡爾・波普），但他在此修讀哲學，竟然從未接觸過柏拉圖與康德，並甚至對我提出這樣的質疑。

是的，念哲學為什麼要讀柏拉圖和康德？為什麼要看孔子和莊子？

對於熟悉希臘哲學的人而言，應該聽過伊比鳩魯的名言：「若哲學不能治癒人類靈魂的痛苦，那麼它便毫無意義；就如同醫學

若無法治療疾病,則無任何益處。」如今大學的哲學課程是否真能做到「治癒人類靈魂的痛苦」呢?法國哲學家比耶·夏多對現代大學的哲學體系做出了這樣的批判:「現代大學的哲學顯然不再是生活的方式,除非是哲學教授的生活方式。」他認為哲學應該是人生過程中所累積的意義,但現實中,有多少大學真正能指出這一事實?教導我們如何去做人的又有多少呢?就算真的有人教過,卻也非課程的初衷。康德在《純粹理性批判》中提到:「就歷史層面而言,我們永遠無法學習哲學;從理性方面來看,最多也不過是學會哲學思考(learn to philosophize)。」以上幾位哲學家明言哲學的本義。或揭示了大學哲學教育課程與哲學原意之間的脫節,使我們不得不反思,當今的大學體系與哲學之間的矛盾。

若以英國的各大學(如倫敦政經學院)為例,他們如不開設康德或古希臘的哲學課程,那麼還能開設哪些課程呢?他們或許會認為,應當設立英國本土哲學課程,如洛克(John Locke)、休謨(David Hume)、柏克萊(George Berkeley)、亞當·斯密(Adam Smith)等英國哲學家,以自身的哲學傳統為基礎來修習哲學,這是不證自明的事情。甚至他們可能會反問,為何要旁及其他哲學,如中國、印度或日本的哲學?並進而質疑,中國、日本或印度的哲學究竟是否存在?在英國讀哲學,當然以英國本土哲學為主。過去幾百年的英國經驗主義、效益主義、自由主義和科學哲學已是經典,英國之外的哲學傳統只是旁枝,並非重點。與英國對比,在法國或德國研讀哲學,肯定以法國或德國本土哲學傳統為哲學課

程的基本。我們留學法德當然是希望研究法國哲學或德國哲學，沒有理由到德國讀儒家或道家哲學。

這明顯引申出一個問題：全世界大學的物理系，儘管授課語言不同，但內容絕大部分都一樣，哪間大學不教授愛因斯坦的相對論或量子力學？因為物理學有普遍性，是以沒有英國物理學或法國物理學之分，但哲學並不是這樣，英國哲學，法國哲學和德國哲學有根本性的差別。再進一步去反思，「哲學」有沒有普遍意義？內中更有哲學學派之爭，英美分析哲學長久視歐陸哲學為混淆和非邏輯推理思維，並不是真正的哲學！「中國哲學」也是一樣，欠缺邏輯理性，只是一種思想而已，不是真正哲學，因此之故，中國哲學在大部分歐美大學中的哲學系並沒有位置。從這觀點看，我們在香港教授哲學，和在歐洲或美國不同，我們沒有「香港哲學」可教，只有哲學，或精準的說，一些哲學學派在香港。那麼，我們在香港的大學裡真的教授「哲學」嗎？

學院的哲學

現代大學的起源可追溯到中世紀在義大利波隆納（Bologna, 1088）建立的大學制度。中世紀的大學通常由四個學院組成：哲學、神學、法律和醫學。在西方，哲學作為一門大學學科，已經有超過九百年的歷史；相比之下，中國的大學設立哲學課程的歷史則短得多。北京大學是中國第一所講授哲學的大學，其哲學系創立於1912年；香港的歷史則可以追溯至1949年，唐君毅先生

在新亞書院教授哲學課程（新亞書院於1963年成為香港中文大學的成員院校）。當然，在中國的傳統中，孔子早期就有私下授學，這就如同古希臘的柏拉圖和亞里斯多德在學院（Academia）及呂克昂（Lyceum）講學一樣；宋、明兩代的書院也沿襲了孔子的講學傳統。然而，嚴格來說，書院、學院以及呂克昂都不算是真正的大學。它們缺乏現代大學的入學制度、課程以及考試，最多只能算是「高等學院」。

　　哲學作為一門職業的歷史並不悠久。笛卡兒、洛克、萊布尼茲（Gottfried W. von Leibniz）和史賓諾莎（Baruch de Spinoza）等重要哲學家皆非哲學教授。康德或許是第一位重要的大學哲學教授，但在他之前，哲學家並不需要遵守任何學術規範。他們無須講課、發表學術論文或參加學術會議。對他們而言，哲學並非職業，而是出於對哲學的熱情，對真理的追求。當時，哲學依然是各學科之首，地位尊崇。笛卡兒希望通過「我思」——真理的堅實基礎——來重建整個科學知識體系。黑格爾和胡塞爾的哲學作品中，同樣彰顯出笛卡兒的雄心。黑格爾在其著作《法哲學原理》（*Elements of the Philosophy of Right*）的序言中明言，哲學是「以思想把握時代精神」。此言表明，哲學能在自身體系中綜合萬有，超越所有知識範疇；哲學家的職責，就是全面理解和詮釋世界。隨著康德之後，德國大學逐漸成為哲學活動的合法基地，只有在大學範疇內進行的哲學教學和研究才被認為是恰當的，哲學論文必須發表在國際期刊或知名出版社出版。簡而言之，哲學如今被歸為象牙

塔內的純學術活動。

然而，當代的哲學教師卻面臨著過去的哲學家未曾遇到的挑戰。隨著科學和科技的革命以及資本主義的全球化，世界經歷了翻天覆地的變化。如今，大學的數量相比19世紀顯著增長，讀大學不再是菁英分子的專利，大學之門向公眾開放；哲學也不再僅僅是少數智者的領域。自上世紀70年代以來，每年畢業的哲學博士人數，相信超過了歷史上所有哲學家的總和。當然，擁有哲學博士學位並不等同於成為真正的哲學家。當今大學的基本功能已不再是培育有文化素養和自由思想的人才，而是淪為職前訓練所。大部分入學學生選擇的專業包括醫學、計算機科學、法律、商科和工程等，哲學以及其他人文學科則被邊緣化。許多學生對修讀哲學感到失望，因為成績優秀的學生往往選擇法律、醫科或商科等專業，而不那麼突出的則只能退而求其次地選擇修讀哲學；可見，哲學系很少成為他們的首選。

在康德之前，西方所有哲學家並不以哲學謀生，更遑論以大學教授身分成為哲學家。但自康德以後，哲學被大學所壟斷，這既是大學問題，也是哲學問題。儘管大學教授仍積極地向學生傳授哲學知識，但明顯在現代大學中，願意選讀哲學為主修的人肯定不多。如果今天的講座主題改為「人工智能如何致富」相信會座無虛席，因為大家普遍認為哲學無用。當然，我們可以從多個方面證明哲學的重要性，但事實勝於雄辯，無論我們多麼口若懸河，並未改變哲學在現代大學中地位日益下滑的事實；甚至哲學

已淪為社會學、心理學、數學等學科的一部分，成為學術產業和知識工廠其中之一專業，其原意被扭曲為必須符合社會需求。最可怕的是，哲學和其他學科成為了大學爭取國際排名的工具。我認為，這些所謂的國際排名完全是美國學術霸權的惡果，迫使全世界的大學都要屈從於其霸權下，哲學也難以倖免。最不幸的是各大學的管理者，追求排名為辦大學理想，思維皆圍繞此，不惜犧牲教育本身以達成目的。

在這種畸風惡俗的環境下，不僅哲學系，整個人文教育都失去其意義。許多年輕人經歷千辛萬苦在本地或海外完成博士學位，希望能回到大學任教，傳承哲學知識，培養哲思人才。但最終，他們身不由己，為了保持教席、續約或升等的要求，被迫不斷撰寫學術書籍和論文，結果所謂的哲學教授，既無法發展自身的思想體系，也無法培養優秀的弟子，淪為學術工廠的論文生產工人。

最近我與台北一出版社主編交談，我問她為何市場上中文原創哲學著作如此稀少？細看書店大多數的人文學科書籍，幾乎全是翻譯作品。為何缺乏與台灣本土文化、現代化、生命探討等相關的書籍？她坦白回答，因為所有哲學學者都在為大學排名和升遷而努力，沒有人有空去思考這些問題，甚至不再記得哲學的真正意義。大部分人為了大學教席，不得不沉淪於一片混沌之中，也不敢「自命清高」，拒絕隨大流參與論文和升遷的遊戲。至於教育的真正對象學生，他們的需求往往被忽視，任何政策或課程

設計皆非以他們為考量，學生在課程中能否學會思考、處世之道、認識自身社會等等，則完全無關痛癢。如何面對社會種種不公義和不平等的事情或者思索生命意義和價值諸問題，全不是哲學課程主要目標。

　　此現象亦反映出當時香港僅有的兩所大學，在哲學應開設什麼課程的問題上並無共識。回想多年前我在上海復旦大學參加一個國際大學哲學系系主任會議，情形有如武俠小說中的武林大會，不同大學的哲學系系主任，各門各派各自驕傲，宣揚自身的教學理念。然而，這種主張往往難以說服他人，每間大學哲學系的課程內容也沒有一套金科玉律。眾所周知，若修讀其他學科，比如物理學，全球的物理學理論皆有共同的基礎，並依此制訂相關課程，學生也需修讀。然而，學習哲學的學生是否非得讀康德或柏拉圖？並不一定。因此，這裡出現了一道難題：何種哲學內容算得上是合適的哲學課程？既然學生並無必修內容，教師所開設的課程便需要合理的解釋。例如，我開設海德格的課程，原因很簡單，因為我的專長就在於海德格的哲學。

　　在此現象背後，其中一個原因是香港與台灣本身缺乏原生的哲學，我們所教授的只是中國傳統和西方哲學。然而在西方世界情況則截然不同。若你去法國學習哲學，是否能不學笛卡兒、沙特、傅柯（Michel Foucault）？這些法國哲學家是法國哲學的核心，任何在法國大學教授哲學的人，都必須研讀這些哲學家的思想，才能理解法國哲學的背景。正如若不讀尼采、黑格爾和海德格，

你又如何能理解德國哲學的反抗傳統？這些哲學思想皆源於他們自身的傳統。如今，東方學子研讀西方哲學，往往只是從文本中抽取而來，彷彿建造一座空中樓閣，既不切實際又不著邊際。法國哲學在法國大學自有其意義，但當置於東方世界，又是否仍具同樣意義？

哲學雖擁有普遍性，從亞里斯多德到康德皆在追求此理，康德探討道德，亞里斯多德論及勇敢，或許可稱其為放諸四海皆準，但即便掌握了這種普遍性，又有何意義？根本而言，哲學的目的究竟何在？眾所周知，「哲學」一詞源自古希臘的「φιλοσοφία」，意即追求智慧。然而，我們又如何能傳授智慧給他人？哲學真的能夠引領我們進行反思嗎？我在中文大學教授海德格的哲學多年，所傳授的無非是知識，絕非智慧。

哲學教育的意義

香港直到2014年前，仍處於表面上的平和盛世，大家的人身安全得到保障，亦可自由討論公義、自由、民主及人權等議題。然而，這種狀況如今已不復存在。無論環境如何變化，有一件事是永恆不變的，那就是那些完全脫離社會的哲學學術論文，依然會繼續書寫下去。作為教育者與學者，我們當前所面臨的最大問題是如何振興衰退的情況。儘管自2019年後，香港的情勢已然轉變，我們難以再對香港做出任何貢獻，但這些流亡者在他鄉，尚可有所作為嗎？唐君毅先生、牟宗三先生、勞思光先生等，都

是在極權中共國及專制體制之下逃往香港的學者。他們來到香港不是為了苟且偷生，而是為了利用香港的自由，勇敢地發聲，批評腐敗、警示不義，直言不諱地抨擊共產黨與國民黨。殷海光亦是在暴政威脅下，屢次發表鋒利言辭，抵抗白色恐怖。正如亞里斯多德所定義的勇敢，不僅僅是空談勇敢的意義，而是實踐勇敢之行。哲學也不應只是讀書、寫作論文而已。若是要寫，就當針對人生、環境、社會與世界問題進行寫作，並身體力行，如同王陽明所言知行合一。

從這個角度來看，哲學教育者的責任，不僅在於傳授知識，還要啟發學生對人生、社會與政治等現實問題進行反思。我們需要思索，在大學中教授哲學，到底有哪些必須教授的內容。無論在香港大學、中文大學新亞書院還是崇基學院，他們皆未正視哲學與香港的關係。哲學作為人類無止境追求智慧的結晶，其論斷理應具備普遍性，而不受限於特定地區或民族。然而，哲學論斷的普遍性，是否真的能獨立於具個別情境的關懷而自存？在世界各地講授維根斯坦、柏拉圖及海德格的哲學，是否真的有必要？在劍橋、莫斯科、新德里、波士頓、上海及香港講授的柏拉圖，是否存在本質上的區別？

我們面對的問題，並非哲學的本質問題。大家都相信哲學擁有普遍的價值。然而，當哲學僅僅被視為一門大學科目時，它對學生和社會大眾的意義便有所不同。當前的大學文化已逐漸轉向專業化和專門化。相比於醫學、法律、商科及電腦科學等學科，

哲學的語言晦澀難懂，普通人難以把握其意義與相關性。大眾對於學習哲學的態度也表現出矛盾：一方面，學院哲學的內容深奧而抽象，將普羅大眾排斥在外；另一方面，哲學又是世俗的，讓每個人都有可能發展自己的哲學觀。再者，許多人認為哲學的實際效用難以證明，只有從事哲學研究的教授、學生以及志同道合的學者才能欣賞哲學的內在價值。

　　這引發了哲學教育與社會相關性之間的問題。為了防止哲學在大學中被邊緣化，我們必須證明哲學與學生、以及社會大眾之間的相關性。我們需要說服他人，使其理解哲學在存在、文化和學術上的重要性。我們必須展示哲學的普遍主張如何與我們的生活世界相聯繫。同時，我們需要討論在劍橋教授柏拉圖和孔子的哲學與在香港或台灣教授這些思想之間的不同。問題是，該如何達成這一目標呢？

　　隨著哲學的專業化，哲學教育試圖將其變成與其他學術知識相同的「可傳遞的知識」，這引出了新問題。哲學系聘請專家教授不同的哲學範疇，教授們更像古希臘的辯士，向願意付費的學生們推銷亞里斯多德、康德、維根斯坦、海德格和老子的知識。這正是我多年前在香港大學上哲學課時的感受。當時有位外籍教授使用外國教材講授約翰・奧斯丁（John Austin）的語言哲學。然而，他的課程卻與我們當時所面臨的存在和文化問題毫無關聯。儘管約翰・奧斯丁的哲學是有意義的，但教授卻未對其對香港學生的意義做出相關解釋。當然，這只是針對少數教授的批評。哲

學並非僅僅是一種客觀的知識，其主要功能在於啟發學生進行哲學反思，以反省哲學與自身存在的關聯。然而，這是相當困難的。因此，大多數哲學課仍將哲學視為客觀知識。

海德格在上世紀20年代就觀察到，許多德國大學存在這一現象。他說：「學院哲學之所以變得貧乏，正因為哲學教授試圖在一個學期，甚至更短的時間內，勾勒出偉大哲學家的哲學輪廓。這就像計畫學習游泳的人只在河岸附近徘徊，空談河流的流水聲及河流穿越的城鎮。如此一來，學生便失去了那靈光乍現的機會，而存在中那永不熄滅的光痕也無法點燃。」當前並無保證能引導學生進入哲學的萬全之法。海德格認為，困惑、驚訝、焦慮和沉悶均可成為促使學生思考的「基本情調」（Grundstimmung）。但這種覺醒並非外界導致；進入哲學的途徑只能依賴於自覺。即使一個人能熟背康德的所有著作，也未必證明他進行了真正的哲學活動。因此，展現哲學教育與存在的相關性相當艱難。或許，我們可以透過蘇格拉底式的「審問」，迫使學生面對他們的生命處境，並以哲學的反思引導自己走出困境。至於如何展現哲學與文化和社會的相關性，並非不可能。關鍵在於哲學教授和學生能夠開放自己，走出象牙塔，回歸具體的生活世界。

然而，哲學的專業化和專門化使得不少教授和學生產生自負與無知的心態：自負源於哲學認為自己高高在上，優於其他學科。所有學術科目中的最高學位，不正是 PhD 哲學博士嗎？哲學被稱為所有學科的源頭和終結，這是否足以證明其優越？事實

上，哲學和其他學科之間的關聯性應該是自明的，所有知識的分支都是哲學的研究對象，因此我們有藝術哲學、科技哲學、歷史哲學、法律哲學等。香港大學哲學系網站的序言說：「哲學不是教導學生思考什麼，而是教導他們如何思考。在哲學的活動中，我們運用批判思考和邏輯，審視一些最根本的問題——人生、宗教、科學、倫理、政治。」由此可見，學習哲學的實質是掌握對所有人類活動的研究技巧。然而，若未確定思考的對象，我們可否單純學習思考的方法？若沒有物理學的理論知識，我們能進行對物理學的哲學研究嗎？若哲學反思缺乏具體知識的支撐，則僅會淪為智性遊戲。我們必須意識到這種無知的後果，並展示哲學與其他知識間的相互關聯性。哲學並不比其他學科優越。

當今無論是哲學教育還是教育本身，都面臨內部與外部的危機挑戰。內部需應對唯利是圖的風氣影響，名存實亡；外部則需承擔正人心、廓清風俗、培育人才的重任，處理現代人所面臨的存在危機、台灣的社會困局、香港的絕境，甚至可能發生的第三次世界大戰等問題。然而，危機迫使我們正視與反省自身問題。因此，我們修習哲學，並非為了取得博士學位或成為教授的目的，更不應讓其淪為純知識的學科，而應聚焦於思考生命等重大問題。無論是哪位哲學家，其哲學反思皆是面對其所處時代的產物。而如今，我們似乎在毫無危機意識的環境中修習哲學，實則是因時代的危機過於眾多，以致我們感到麻木，寧願默默沉醉於象牙塔，尋求片刻的安逸。自唐勞幾位先生以來，香港幾乎鮮有

具備此危機意識的人。台灣或許仍存有幾位。

我們應如何重新定義和塑造哲學及其教育？我們又應如何反思？作為流亡者的香港人，我們還能做些什麼？是否有可能重振香港的哲學？或者其實從未存在過香港的哲學？如果是這樣，我們應如何看待此問題，並妥善處理？在這些問題上，教育又應走向何方？最後，身為教育者，我們確實需要反思，自己一生的所作所為，究竟對學生貢獻多少？哲學是否真的可有可無？以上便是經過多年反思後，我所提出的幾個問題，希望大家能共同思考。

（＊此篇原為2024年6月27日於高雄市國立中山大學研討中心演講。）

［ 5 ］白色恐怖下的香港知識分子

《國安法》下的香港高等教育

在 2020 年 7 月 1 日，北京將《國家安全法》強行施加於香港，並在 2024 年 3 月根據《基本法》第二十三條實施香港自己的安全立法後，所謂的「一國兩制」及高度自治的承諾便變成了空洞的口號。香港淪為中國大陸的一個沿海城市，曾在英國殖民統治一百五十年所建立的法律、教育、新聞和公務員傳統等諸多優勢，將面臨全面的剷除，以迎合專制政權的要求，再無獨立自主的精神可言。如今，香港的自由、法治、開放及多元的公民社會已經化作泡影，完全消失無蹤。

隨著香港特首李家超擔任大學的監督，香港中文大學及其他七所大學的「學術自由」也變得毫無意義。《國安法》成為每位學生和教職員都必須遵守的法律，任何對中國大陸、香港政府以及大學的批評，都將被視為越界；任何不符合當權者標準的言論都被判定為錯誤。這樣的情況使得反對的聲音無法存在，所有學生和教授只能接受現實，進而採取明哲保身的態度，絕不可觸碰紅線。許多教授在這樣的環境下，繼續專注於純粹的學術研究，

不再涉及政治議題,也不理會當前的社會問題,試圖以此來保存自己的學術生命。

香港的高等教育機構正進一步受到壓迫,學術環境日漸緊張。教育的根本目的在於啟發思考和批判性分析,但是在當前的政治氛圍中,這種追求幾乎無法實現。學生們趨利避害,努力地靜默,以避免潛在的懲罰和監控,而教授們則被迫自我審查,縮小自己發言的範圍,避免和當前政治權力產生衝突。此外,由於不再有真正的思想碰撞與多元觀點的交流,學術界的發展也遭遇到了前所未有的困境。

在獨裁政權下的大學學者教授就這樣便滿足,無愧於心嗎?

業師勞思光先生在世時曾多次告訴我一件重要的事:「在共產黨專制下生活是無可奈何之事,但一定不要做幫兇,不搖旗吶喊,不阿諛奉承!」勞先生於1955年自台灣流亡到香港,以逃離共產黨和國民黨帶來的白色恐怖,直到1989年才回到台灣的清華大學,擔任訪問學者。那時的台灣已開始逐漸邁向民主與開放社會,學術自由和言論自由日益確立,人們也從恐懼中獲得了解放。因此,勞先生從未真正生活在共產黨暴政的環境中!他在香港自由地度過了超過三十多年的生活和學術研究,除了專注於哲學領域外,亦深入理解共產黨的思想及其歷史發展,對於共產黨獨裁政權的批判始終未曾中斷。勞先生曾嚴肅地告訴我:「共產黨是不值得信任的。」然而,如果2019年勞先生仍然健在,親眼目睹中文大學變成了社會運動的戰場;或者在2020年看到香

港共產黨通過《國安法》將數十年間所建立的自由一舉毀滅，他將如何評論這場運動？又將如何在中文大學繼續他的教學和研究工作？這樣的情形當然是不可能發生的，因為他決不會在五星紅旗下苟且偷生，成為一名為了生存而侍奉獨裁政權的學者！我相信，他必定會選擇離開香港，前往更自由的地方。

而對於我們這些仍留在香港的學者和教授，面對在缺乏真正學術自由的大學內繼續生活的困境，我們該如何忍受和面對呢？除了謹記勞先生的教誨，對於我們教學和研究的堅持外，是否還有其他方式可以積極回應當前的困境呢？

香港知識分子的角色

2019年至2021年抗爭運動期間，香港各大學的教職員除了極少數敢公開發言支持運動外，儘管心中憤怒和不滿，大部分噤聲；當然在2019年的無數示威中，他們會在群眾中參與遊行抗議，或在報章和社交媒體聲明簽名反對。台灣學者吳叡人先生評論這種現象為「知識分子的缺席」。[1] 我們不一定全面同意吳先生的分析，但作為深入研究香港運動的學者對香港大專學術界的觀察，值得我們反省。他指出有兩種原因：

---

1 吳叡人，〈致一場未完成的革命〉，收於李雪莉編，《烈火黑潮》，新北：左岸文化，2020，頁14。

　　一個是香港人文社會型知識分子的運動經驗非常少，非常地學院，他們是親西方的產物，一邊優越感很重，拚命掉洋書袋，一邊說自己是反殖民、後殖民，這種自我矛盾的意識非常明顯，讓他們陷入一個深度被殖民的意識裡而跨不出來。所以他們沒有辦法面對年輕人很生猛的東西，年輕人不一定讀過什麼《想像的共同體》或其他理論，但卻用實際的生命在日常生活進行鬥爭。這些事情其實是嚇壞了這些我稱為「葉公好龍」的知識分子。

　　即是說我們香港知識分子，大部分在西方菁英大學學術自由的環境受教育，回到香港教學研究也相信如此，從未經驗過政治學術審查的壓迫。至少我在中文大學二十多年教學和行政經驗中，肯定這學術自主和自由。絕大部分教職員覺得這是理所當然的學術條件，沒有人會反對民主自由法治。在課堂和研討會上講解和辯論哲學和政治議題，止於學術象牙塔之內。但是我們不要忘記2014年的雨傘運動是由香港大學法律學者戴耀廷和中文大學社會學學者陳健民發起的。儘管這場運動最後失敗，但這是在香港多年努力建立的公民社會中由學者自主引發出來的社會運動，影響深遠。因此香港學者不全是「葉公」，不少是願意承擔「公民抗命」的知識人。當然這佔整體大學學者是極少數。「政治中立」是口號，「離地」教授仍是大多數。

　　吳叡人提出的第二個原因是：

我覺得他們無法面對這次運動裡面，香港人爆發出來的港人集體意識，也就是說香港人覺得自己就是一個nation ──或者不要用nation的話，可以用Sovereign people。這個sovereign一般翻成「主權」，也可以翻成不受任何外來力量統治，是self-governing就是「自我統治」。香港人覺得他們自己應該得到自我統治的權利（They think they deserve to be self-governing）。當然所謂「自我統治」有個光譜，可以從最高的「獨立」到「聯邦制」的高度自治。

吳先生這個原因有最大爭議性。他確定這場革命主要是由「香港獨立」的意念所推動的。依我的理解，大部分同情「勇武者」的知識分子是同意「光復香港，時代革命」這口號，但不一定贊成「港獨」。本文暫不處理「光時」和「港獨」這兩個重要課題。我想回到吳叡人先生對香港知識分子的評論。吳先生對香港多年來的社會運動有深入研究，對香港大專學界的尖銳批評值得我們反思，無論我們同意與否。他說：

> 我觀察到許多香港的專業人文社會知識分子，不願面對這種香港人民族或國族或政治主體意識爆發的事實，陷入了某種我稱為collective self-denial，也就是集體的自我否認的困境之中，以致於不知如何去面對這場革命，也不敢去承接歷史藉由這場革命向他們提出的任務，最終導致了集體缺席的狀

況。很多香港的知識分子如同徐承恩所講的,陷入一種「虛幻的都會主義」。香港那些受西方教育的知識分子常常自以為香港是西方先進國家的一員,自以為自己是法國、美國或英國的一部分,屬於廣義最進步的歐美知識圈的一環,可是他忘了香港其實不過是中華帝國底下的一個殖民地而已,事實上只擁有極為有限的自治權,而且還不斷地被侵蝕。[2]

我們這一代在香港出生的大學教授,受英、美、德國、和法國的博士學位訓練,一直覺得我們的教學和研究應該和歐美學術世界一樣,學術研究標準以外國為準。是以香港的大學以在世界大學排行榜上最前端為傲!而且的確,我們從不太關心吳先生的觀察,相信大學和政治是可以分離,我們是「國際學者」。

貝爾雅教授的反思

香港知識分子對我們所處的學術環境評論和反思極少。香港嶺南大學 2021 年退休的社會理論講座教授貝爾雅(Peter Baehr)和現仍在香港科技大學的穆嘉教授(Carsten Holz)是例外。[3]他們兩人

---

2 同上,頁16。

3 貝爾雅是嶺南大學社會理論講座教授,漢娜・鄂蘭(Hannah Arendt)哲學專家,2021 年退休後離港,現出任美國南佛羅里達大學社會與政治思想中心研究員(Fellow at the Centre for Social and Political Thought, University of South Florida);穆嘉,香港科技大學社會科學教授。

在過去三年以英文撰寫關於香港大專學術界的現象，是鮮有敢言的文章。當然這些不在本地發表，也沒有中文譯本，這文章有多少本地學者讀過不是問題，重要的是他們以獨立自主的學術立場，評論香港的大學淪陷的現象。

2022年4月貝爾雅在 *Society* 期刊發表名為〈在國安法陰霾下香港的大學〉（Hong Kong Universities in the Shadow of the National Security Law）[4]的文章，相信是至今評論香港大專學術界在過去三年情況獨一無二的文章。文章開宗明義說：「當我們聽到獨裁（dictatorship）這個詞時，殘酷的場景永遠不會遠離我們的想像：祕密警察，深夜或清晨，強行進入住宅逮捕茫然的居住者……我建議先不要考慮獨裁的拳頭，而要考慮其周圍的精神：機會主義、奴性和默許。我的例子是一個職業，學術職業，我可以聲稱知道一些事情。寫下我在香港任教過去18個月中親眼目睹的事情，這段時期香港的大學幾乎完全被中國共產黨所控制。」

貝爾雅的文章並不止於評論香港的大專學術界在《國安法》下的問題，而是給我在本文開始時引述勞先生忠告的一個發展方向：在極權統治下學者教授如何自處？

貝爾雅在這篇文章的引言繼續說：「問題絕不是大學可以戰勝共產黨；那是不可想像的。問題是要捍衛，並公開捍衛大學的

---

4 Peter Baehr, "Hong Kong Universities in the Shadow of the National Security Law", *Society*, 59, 225-239 (2022). https://link.springer.com/article/10.1007/s12115-022-00709-9（中文由作者翻譯）。

獨立性，捍衛學術使命的尊嚴，直到它們從我們手中被奪走。在這之後，要遵循『不傷害』的古訓。」

面對極權政府的打壓，能夠本著學術良知「公開」捍衛大學學術的獨立性和尊嚴，並不是容易的事情；沒有「免於恐懼的自由」的法治保障，每一個站起來表達自己內心想法的知識分子都需要無比勇氣。他或她的公開發聲可能影響自身工作和家人的安危。因此，白色恐怖之下，沒有人應該為了義憤而做送頭的行為，因為這是不需要思想言論烈士的年代。我們公開捍衛學術自由的權利被剝奪了，還可以做什麼？順大勢所趨，自我審查，安分守己，不挑戰任何權威，繼續做安全不帶政治的純學術研究？

自秦朝以來，中國經歷了超過兩千年的歷史，有不勝數的文人學者在表達思想與政治意見的過程中，遭受文字獄的殘酷迫害。在共產黨暴政的統治下，特別是反右派運動和文化大革命期間，知識分子遭受了無數悲劇的清算。然而，我們對這段歷史的學習卻並不深入，對共產黨的期待往往顯得幼稚而無知。這樣的想法顯然是錯誤的！在香港經歷了數十年學術思想和言論自由的環境之後，這一切現在正面臨終結，文字獄的陰影終將再次降臨。那麼，我們是否能夠抵抗這種迫害呢？

回首清朝的文字獄，那對讀書人的壓制無疑比現在香港的情況更加嚴重，至少現時不會出現抄家誅九族的極端行為。清代的乾嘉學派雖然對朝政與民生不問，卻仍然在學術上取得了不凡的成就。我們如今在香港的大學裡，學者與教授的薪酬待遇在全球

名列前茅，仍然可以「自由」的研究，然而卻不得不閉目於當前荒謬的現實暴政，無視那放棄學術自主的大學高層，只專心於教學和研究，撰寫學術論文。正如魯迅所言：「躲進小樓成一統，管他冬夏與春秋。」現在的香港尚未陷入文化大革命對知識分子的全面清算之中，因為香港的學者和教授對政權來說仍具有一定的價值。

然而，這些都是消極的應對方式，相信香港的學者不會甘心與惡勢力同流合汙，也不會忍受白色恐怖的威脅。之前提到我們這一代教授是「國際」學者，這並不全然是貶義。正因為我們接受了當今西方自由世界大學的培養，明白學術尊嚴與自由的重要性，並且我們的學術視野並不局限於大陸那片封閉的天地，知識的宇宙也不應當被全面封殺。

儘管現時香港的公共圖書館受到多數書籍的審查，令不少有「問題」的書籍下架，但除非香港政府能夠效法秦始皇焚書坑儒的做法、借鑒納粹在1933年燒書的歷史、關閉大學圖書館以及對互聯網進行全面監控，否則學術界依然是開放的，每位學者都可以獲得自由發聲的機會。與此同時，儘管中文大學提供雙語教學，其他大學仍以英語為主要授課語言，這使得香港的高等教育機構仍然保持著「國際」的特色。我們與自由世界仍然保持著聯繫，若無法在香港發表自己的觀點，為何不可以用英文、法文或德文在國外撰寫文章，讓自由世界了解香港所發生的一切不合理與不公正的事件呢？在大陸及香港以外的學術界，並不存在政治

審查，只有學術標準的考量。

在此背景下，香港的學者們需要在日益嚴峻的環境中尋求出路。我們不僅要堅守學術的信念，更要積極探索有效的表達方式。或許，我們仍然可以利用國際的學術平台，發聲於海外的學術會議、期刊，甚至社交媒體，這些都是讓全世界聽見我們聲音的途徑。若每一位學者都能夠勇敢致力於真相，輕視任何形式的恐懼，我們對於知識的追求將使得學術依然在艱難的環境中生存下去。

然而，這並不是一條平坦的道路，面對著運動的曲折與風險，我們或許需要更加團結，互相扶持，形成一個堅挺的學術聯盟。只有當我們不再孤立無援，當我們共同抵抗這些來自暴政的壓力，才能更好地捍衛我們的學術自由與學術尊嚴。這是我們這一代學者所面臨的責任與挑戰。是以我們必須保持警惕，以歷史為鑑，不斷思考如何在這片潛在的挑戰之地，依然堅持執著於真理與自由的理想。

貝爾雅的文章在國際期刊 *Society* 發表，尖銳批評香港的大學在《國安法》下淪落的現象，文章刊出後便成為公共學術領域的一部分，沒有任何獨裁政權可以隨意刪改。文中引述的資料全部可以查證，文章當然可以批評，但以學術理性為本，這些本來就是學術世界理所當然的守則。文章提出批判香港的大學的負面內容，顯然不會被當權者接納，極有可能定性為「惡意」侮辱香港的「學術自由」，產生仇視政府的言論，屆時又可能被指觸犯《國

安法》。幸好他的文章刊出多月，筆者沒有看到任何批判的言論，這至少證明一點：真相是批評不到的——大學行政高層的懦弱和虛偽、對政權的跪地屈服、對異見教授的打壓、對學生會和學生報的封殺；大學教職員因種種自私原因而噤聲不反抗；大學甘心墮落將學術尊嚴和自主放棄不理、校長重複政權欽定的政策和口號。這些便是當前香港的大學在《國安法》陰霾下的現象。

不傷害古訓

貝爾雅並沒有站在道德高地指責留下的學者教授，他知道自己是即時退休的外籍教授，因為不能接受香港的大學學術界在國安法下淪亡的悲劇，憤而離開這生活了二十一年的地方。他本著學術良心寫下這篇文章作見證。他說：「像我這樣接近退休年齡、計畫回國的外國人，無法向香港人就如何為未來的歲月做準備提出建議。只有留在城市中的人，才有指導它的道德權利。此外，獨裁下的生存是一個學習和即興發揮的過程。不存在或不能存在任何計畫來指引如何應付這困難的處境。我寫這篇文章只是為了引起人們的關注，鼓勵那些在破壞自由的政權中努力生存的人們。」5

事實上，貝爾雅在文首提及，我們如不能公開捍衛學術自由，不是投降和噤聲，而是要「遵循『不傷害』的古訓」。他將真相說出來便是捍衛學術自由的行動。但此地再不容他存在，因此我們要退一步，遵循古訓。這古訓相信是指「Primus Non Nocere – Above All, Do No Harm」。相傳是源自古希臘「希波克拉底誓言」（Hippocrates Oath）——西方醫師行醫前的誓言的一部分：盡量幫忙，但最重要的是不能傷害他人。當然這本是醫師誓言，但同樣適用於獨裁專制下的學者教授。

貝爾雅所言的「不傷害他人的責任」，是指在進行學術研究和表達意見時，必須考慮到他人的安全與權益。他認為，這種責任需要在學者的日常行為和選擇中不斷反映出來。具體來說，當學者決定是否表達某種觀點或進行某項研究時，他們不僅需要考量該行為的潛在後果，還要自覺地抵制任何會對他人造成傷害的舉動。這可能包括發表會導致他人受到迫害的研究成果，或是參加與當權者的合作，以此保護自己的職業生涯，而無視學術道德的底線。在獨裁統治下，學者的自我責任感尤為重要。這種責任意識不僅是對自己行為的認識，也是對其他人的關懷。在這樣的局勢下，學者們必須積極選擇不參加任何可能玷汙自己良心的活動，甚至要自覺地拒絕參加升旗典禮等象徵性的活動，因為這樣的行為往往被視為對專制統治的默許。

貝爾雅的思考為學者在專制政體下的行為提供了指導，強調了活躍的不合作的重要性。這種不合作並非單純的反抗，而是基於「不傷害」原則的自我約束與道德選擇。學者們應該拒絕與當權者的妥協，包括不在申請研究經費時出賣自己的理想；不因升遷而背離信念；不對外簽名支持任何官方的活動文件，這一切都

5　同上註。

是在「不傷害」原則的框架下進行的行動。在專制與獨裁的環境下捍衛學術自由絕非易事。

以上提出積極不合作的看法，基本上不是筆者原創的。我們有幸在學術自由的年代，讀了不少在上世紀專制強權下生活的哲學家和知識人的著作。當然在那時代研究這些理論，以為只是循學理去研讀，以為這些是歷史思想，在課堂教導和在研討會討論的議題，但原來這是完全有存在關聯（existential relevance）。沙特、波娃、卡謬、鄂蘭、哈維爾（Václav Havel）等著作絕不過時，他們全部有參考價值。學者教授如何在極權統治下自處？最好的指引可能是哈維爾的「活在真相中」（Living in truth）和索忍尼辛的「活著，並且不撒謊」（Live not by lies）。

如何活在真相中？哈維爾正正繼承沙特的自由的存在思想，每個人要時刻反省自己，不隨便跟循他人說法而表態；做任何重要行動的決定，要清楚知道自己的選擇理據，不會對他人有任何損傷成分，當然不會取悅權貴。

索忍尼辛是在史達林年代被迫害的諾貝爾獎作家，被蘇聯共產黨放逐。如何在謊言世界中活下去？他寫道：「要想找回我們自暴自棄的自由，最簡單、最容易的方法就是，你作為個人絕不參與謊言。雖然謊言遮天蔽日，無處不在，但是休想從我這裡得到支持。只要我們不合作，鐵桶一般的包圍圈就有一個缺口。這是我們能做到的最簡單的事情，但是對於謊言，卻是最具有毀滅性。因為只要人們不說謊，謊言就無法存在。」[6]

他的具體提議是：

雖然我們每個人都是膽怯的，但是讓我們做出一個選擇。
要麼你自覺地作為一個謊言的僕人（當然，這並非由於你贊
成謊言，而是由於你要養家，你不得不在謊言之中把孩子們
養大），要麼你就脫掉謊言的外套，變成一個忠實於自己的
人，得到你的孩子和同時代人的尊重。

從今以後，你：

- 不以任何方式書寫、簽署、發表任何一句在你看來不是真
  話的句子。

- 不在私下或公開場合，以宣傳、指導、教授、文藝演出的
  形式，自己說出或鼓動他人說出，任何一句在你看來不是
  真話的句子。

- 不描述、培育、傳播任何一個你認為是謊言或是歪曲真相
  的思想，不管它的形式是繪畫、雕塑、攝影、科技、或者
  音樂。

- 不以口頭或書面的形式，不為了個人利益或個人成功，引
  用任何一句取悅他人的話，除非你完全認同你所要引用的
  話，或者它確實準確反映了實情。

- 不參加任何違背你心意的集會或遊行，也不舉手贊同任何
  一個你不完全接受的標語或口號。

6　轉自《壹讀》，https://read01.com/zPK3MBK.html。

- 不舉手為任何一個你不真心支持的提議背書，不公開或祕密投票給任何一個你覺得不值得或懷疑其能力的人。
- 不同意被拉去參加任何一場可能強姦民意或歪曲事實的討論會。
- 如果聽到任何一個發言者公然說謊，或者傳播意識形態垃圾和無恥的洗腦宣傳，你應當立即退出該會議、講座、演出、或者電影放映場合。
- 不訂閱或購買任何歪曲事實或者隱瞞真相的報紙或雜誌。[7]

在當今「謊言即真理，強權即民主，服從即自由，人治即法治，馬照跑，舞照跳，吃喝玩樂即太平盛世」的香港，勞思光、貝爾雅、哈維爾和索忍尼辛，都是指引我們的大學學者教授如何在極權統治之下自處的良方。我們要繼續反省當前的困境和思考哲人智者的言論。

香港中文大學的精神

民主女神像自2010年6月4日晚上開始豎立在中文大學火車站前，一直是中大人引以為傲的象徵，而自由和民主也是中文大學尊崇的理念。但2021年12月24日深夜，民主女神像隨同香港大學的國殤之柱被大學當局清拆，大學高層當然沒有解釋真正的

7　同上註。

原因。翌日，中文大學眾書院學生會公開指責：「我校本學術自由，開放批判精神。惟今淪落至搖尾乞憐，苟且偷安之學店。我等身為中大人，對校方如此失信無恥之舉嚴正譴責，並要求校方立即交代民主女神像處理事宜及將此事交還中大全體師生共同商討，決定民主女神像未來去向。最後藉此〔聯署〕促請校方毋忘創校先賢訓勉，莫做奴顏媚骨之舉，重申學術自主之風骨。」中大學生面對不公義挺身而出，為所有中大人發聲，值得我們敬佩。

當然中文大學校方沒有正面回應，校長段崇智沒發一言，對學生會的要求不置一詞。令人沮喪的是，事後並沒有任何中大教職員發聲支持同學。

為什麼中文大學自創校以來對社會和校內發生種種不公義事情的批判精神喪失了？幾十年來教職員和學生都站在一起，對大學不公平不合理的事情公開抗議，據理力爭，向高層表示不滿，但為什麼這次卻全部噤若寒蟬，不出一言？放棄批判思想，遺棄同學？

2019年前，大學開放，兼容並蓄。中文大學六十年的優秀傳統去了哪裡？2019年之前的中大並不是這樣的。

2010年民主女神像豎立於中文大學的過程並非順利進行。中文大學學方不贊成由中大學生會提出，將民主女神像從維多利亞公園搬移到大學校園的建議。6月4日的早上，我和中大哲學系超過二十位教職員在幾小時內草議和聯署一篇聲明，明確支持同學迎接雕像當晚從維園移入中大校園。我們是如此寫的：

茲就香港中文大學學生會申請擺放「六四」事件紀念雕像一事，我們以聯署方式發布聲明如下：

1. 言論自由之重要，舉世認同，且為《基本法》賦予港人之權利，香港中文大學乃公共教育機構，理應尊重言論自由。
2. 擺放「六四」事件紀念雕像一事，乃言論自由之表達。
3. 校方若允許擺放雕像，此決定本身並不牽涉任何政治立場。
4. 校方若允許申請，實有助促進言論自由。
5. 校方禁止學生擺放雕像，無異於打擊言論自由，公然背離公共教育機構之宗旨，更有違《基本法》之精神。

當年大學高層最後沒有阻撓民主女神像進入中大。時任校長的沈祖堯教授發表公開信稱：「中大一直堅守言論和學術自由的宗旨，對不同見解和意見，抱持兼容並包的開放態度。在處理擺放『新民主女神像』的問題上，我們同樣秉持這種開放的態度。」

校長、教職員和同學聯成一線，民主女神像也得以在中大火車站前擺放了超過十年，成為中大尊重民主開放、學術自由的象徵，讓每天坐火車從香港到大陸的乘客，看到中國以外最自由開放的華人大學。

我不相信中大教職員及哲學系的同事們，對民主女神像被無理拆除這事能夠冷漠視之，沒有感到莫大的義憤；也不相信他們會對不公平不合理的現象視若無睹；更不會忘記「六四」的慘痛罪行。然而，絕大多數人卻因為對現實恐懼而不敢或不願意發表

意見，因為白色恐怖的陰影確實存在，籠罩在每個人的頭頂。

在 2021 年，段崇智與高層行政人員對外宣稱中大重視學術自由，聲稱香港的《基本法》、《國安法》，甚至中國大陸的憲法均明確保障大學的教學自主，以及學術與言論自由。他們所謂的自由，其實並不是絕對的，而是要在「依法」的框架內行使。

那麼，我們是否還能相信這些話呢？

如我所言，學術和言論自由顯然並非絕對，因為在行使學術自由的同時，必須建立在另一個更根本的自由之上：免於恐懼的自由！在當前的情勢下，香港是否仍擁有「免於恐懼的自由」？

在《國安法》和《基本法》第二十三條的約束下，大學的教職員似乎永遠無法知道哪些言論、行為或態度是必然合法的。因為在這種情況下，所有反對的聲音都被迫沉默，所有批評政府的言論都被剔除。學術研究必須依循某種被批准的方針進行，而教學內容也必須符合所謂的正確思想。在這樣的環境中，沒有人知道，哪一天會有人向當局舉報自己，大家都只能做好自我審查，拋棄批判、反思與挑戰當權者的勇氣，安分守己地進行所謂「合法」的研究。

我絕不相信中文大學的同事與朋友甘心在這樣一個「恐懼」的世界中生活下去。我更不願意如同學生會所指控的，接受中大淪為一個「搖尾乞憐，苟且偷安的學術市場」。但我們這些學者究竟能做些什麼呢？選擇回到純粹的象牙塔中，埋頭於學術研究，旁若無人地逃避歷史與政治，對這個社會與文化的現狀充耳

不聞，視而不見？

在思考這些問題的過程中，我們不僅要問自己，還需要面對全社會的各種挑戰。無數人因為對現狀的無奈而選擇了沉默，這並非單一的個體行為，而是系統性壓迫和恐懼所導致的結果。無數的學者、學生，甚至普通市民都在這種氛圍中掙扎著，思考著該如何找到真正的聲音。

在這樣的背景下，學術的價值就不僅體現在其研究成果與知識的累積上，而在於它是否能夠成為抵抗威權的重要場所。大學作為思想的沃土，應該主動承擔起培養批判性思維，促進社會對話的責任。如果我們只是自閉於自己的學術範疇，並未關注周遭發生的一切，那麼即使在學術上取得的成就，也無疑是空洞而無意義的。

因此，在當下的社會環境中，每位學者與學生都應該反思自己的角色。是否僅是消費知識，而非生產知識？是否僅僅是接受教育，而非承擔起促進公平與正義的責任？如何讓學術成為解放的工具，而不是權力的奴隸，是我們每個人都需要深思的課題。

學術自由的存在必然伴隨著社會責任感。這並不是要所有人成為政治活動家，而是希望每個人都能在各自的學術領域中，保持對真相的追求，對權力的質疑，對不平等的抵制。真正的知識人不僅僅是知識的獲取者，更是社會的行動者和批判者！

強權下扭曲的高等教育現場

在 2019 年 11 月 12 日，香港中文大學成為了一個戰場；2021 年底，象徵民主的女神像在深夜被拆除；2022 年 7 月 1 日，中大校長聲稱大學教育是服務政權，這一系列事件令我以為中文大學已經泥足深陷，無法回頭。然而，令我意想不到的是，2023 年 2 月 23 日，在新亞圓形廣場上，創校以來的反共先賢錢穆竟然透過 AI 技術被重現，並與大陸無錫合唱團共同演唱〈歌唱祖國〉！這種公開對錢穆先生和新亞精神的侮辱，怎能在錢穆圖書館、新亞水塔下的孔子和唐君毅銅像、廣場石牆上余英時先生名字附近發生？影片中竟然引用了錢先生的話：「無論你去外國留學，你去哪裡，不要忘記，你是個中國人。」卻無恥地將他所指的「中國人」扭曲為「共產中國人」。如果錢先生的靈魂在天上見到此等荒唐之事，必定會感到無比的悲憤！[8]

身處海外的香港人和中大社群目睹如此駭人的場面，自然憤怒不已。然而，這種憤怒背後，亟需反思的是這場活動的舉行地點，竟然是在新亞圓形廣場！這顯示出中大高層和新亞院長的默許！我無法確定新亞的校董、校友、同學和教職員對此有何看法，但似乎並沒有任何反對的聲音。然而，令我更加失望的是中文大學歷史系的教授們對此事件都沒有表達不滿或抗議！歷史系

---

[8]　參看 https://www.rfa.org/cantonese/news/htm/hk-cuhk-0222202360912.htm/

的教授們眼睜睜地看著新亞校方如此羞辱創校歷史學家錢穆，卻選擇沉默不語，未來如何能教授歷史，如何講述錢穆的學說？這豈不是一個悲痛的事實嗎！錢先生和余先生的弟子遍布全球，任教於多所知名大學，身在自由世界卻不發聲反抗強權對老師的侮辱，這究竟怎麼能被接受？我希望我自己的見識不足，能夠聽聞歷史學者們已經公開譴責這違背歷史真相的事宜。

當然，這正是白色恐怖的勝利！我也相信絕大部分有良知的歷史教授心中不贊同，但因為恐懼而選擇噤聲。然而，默默地讓不公正、虛假謊言流傳，這是「知識人」應該做的事情嗎？讓極權專制控制我們的思想和行為，這是否能被接受？

如今，香港中文大學已經成為歷史的象徵，我相信新亞書院是時候改名了。乾脆就改為「朝陽書院」吧；反正新亞院長已經承認他相信唯物主義，所謂的新亞精神早已變成了歷史的廢墟。

知識分子的責任不僅僅在於學術上的探討，更在於對社會現實的清醒認知與勇敢發聲。歷史學者的任務在於守護真相，而不是隨波逐流，迎合當前的權力結構。教職員的沉默，無疑是對強權暴行的默許；而當知識分子不再反抗不公，不敢質疑政府的權威，學術的純粹性也隨之破滅。面對當前的社會情況，知識分子需要展現他們的擔當，拒絕讓歷史被改寫，拒絕讓真理被侵蝕。

在這個動蕩的時代，我們應該清楚，知識分子不應該僅僅在學術的象牙塔中探討問題，而是要肩負起社會的責任，為在職教育的真實性，把握歷史的真相。唯有如此，才不會讓未來的世代

對於我們的沉默與遺棄感到失望，也才能真正體現出知識與責任的統一。香港的未來、知識的未來，都寄託在每一位知識分子的肩上，希望他們能夠站出來，為真理發聲，為自由而鬥爭。

白色恐怖下的知識分子

在結束這篇探討知識分子與大學教授在白色恐怖中所面臨挑戰的文章之前，我希望再借用一個具體的例子來說明。香港大學人文學講座教授馮客（Frank Dikötter）是一位傑出的歷史學者，他對於自 1949 年以來共產中國所犯下的無數暴行，進行了深入而細緻的研究與分析。他的三部廣受好評的著作詳細記載了那些導致數千萬中國人死亡和受迫害的政治運動，顯示出他對中國共產黨的惡毒歷史具備深厚的認知。[9]

在 2019 年香港人抗爭的過程中，馮客教授仍然在香港大學繼續授課，作為一名歷史學者，他自然無法對港共政府在該事件中對香港市民的壓制行為視而不見。然而，當 2022 年《歐洲雜誌》向他詢問有關香港危機的立場時，他卻表示：「目前我和妻子正在旅行，雖然我們的正式居住地仍在香港，但從某種奇怪的角度

9　馮客（Frank Dikötter），《人民三部曲》包括《解放的悲劇：中國革命史 1945-1957》，《毛澤東的大饑荒：中國浩劫史 1958-1962》，《文化大革命：人民的歷史 1962-1976》；最近的著作《毛澤東之後的中國：一個強國崛起的真相》。此外，他在《獨裁者養成之路》中，將毛細緻地描繪成一位獨裁者。因此，Dikötter 必須承認習近平是另一位偉大的獨裁者。（中文版皆由台北聯經出版公司出版）

來看，香港現在反而成為最合適的地方，因為在中國大陸，像是上海和北京的情況變得異常困難。不需要我詳細說明香港這兩年來所發生的事件，可以說，香港與中華人民共和國、與大陸的距離，比任何其他地方都要近，除了北韓之外。」[10]

這樣一種模糊不清的評論，使他能夠保持在香港大學的高收入職位，而不必明確表態。作為歷史學者，馮客教授專注於研究過去，似乎認為無需對當前的時事進行批判性參與。這種態度無疑反映了當代香港許多知識分子及教授所持的立場：他們安於在大學的圍牆內傳授知識，卻不對當前亟待解決的社會問題提出挑戰或介入。

這一現象不僅僅是個別案例，它更是一個深刻的象徵，反映了香港社會更為廣泛的情況。在白色恐怖的壓迫與控制環境下，知識分子的沉默是否意味著對歷史的無視以及對當下的逃避？在如此艱難的境況下，知識分子是否仍能堅持真理，還是早已因時局的變遷而妥協了自身的良知？

在這樣的背景下，馮客的態度不禁引發了更深層的思考。我們必須反思：在面對社會的脈動時，知識分子應何時站出來，去對抗那些試圖掩蓋真相的力量。白色恐怖的存在，讓每一位公共知識分子都面臨著艱難的選擇。他們一方面有責任揭示真相，另

10 Jeremy Goldkorn, "There is no hope the Communist Party can reform - Q&A with Frank Dikötter", *The China Project*, October 28, 2022

一方面卻可能面臨來自當局的壓力與威脅。

在這條路上，學者們或許必須考慮幾個層面。首先，他們是否該打破學術與現實之間的隔離，積極參與社會運動？其二，技術與媒介的運用能否成為他們表達聲音的途徑？在當前數位化迅速發展的時代，社交媒體和線上平台提供了新的可能性，有助於知識分子在白色恐怖下獲得話語權。第三，知識分子是否能夠在抵抗當局壓制的過程中，與廣大市民建立更深層的聯繫，讓學術的聲音成為社會運動的一部分？

白色恐怖下的知識分子，不僅是推動真相者，也應成為反思者。他們必須不斷質問自身的立場與行動，思考如何在這樣的壓迫環境中堅持對歷史的研究與真理的追求。是否能夠在面對無形而強大的壓力時，依然保持獨立的思考能力，並勇敢地將自己的研究成果轉化為對社會的批判與推動，便是他們所需面對的課題。

總之，在白色恐怖的陰影下，知識分子與大學教授必須重新思考自身的角色與責任，勇敢地發聲，成為歷史的見證者、實踐者與改變社會的推手。他們的沉默不應再是對歷史的漠視，而應是對當下的責任。這點不僅僅關乎馮客教授個人的選擇，而是整個知識界在白色恐怖下，如何自處的集體考量。在這段曲折的歷史進程中，唯有透過批判性思考與行動，知識分子才能夠在風雨飄搖中堅守真理的底線，並為社會帶來希望的曙光。

（＊這篇原是2024年9月28日於日本東京早稻田大學「東亞多樣性與自由研討會」（Conference on Diversity and Liberty in East Asia）發表。）

流亡與希望

［6］ 我們還有家嗎？
家與流亡的哲學反思

　　流亡是上世紀相當重要的社會與文化現象。美國紐約有一所私立大學，名為新學院（The New School），最初稱為社會研究新學院（The New School for Social Research），是一所著名的流亡大學。在上世紀 30 年代，許多在德國遭納粹迫害的猶太裔學者幾乎全都聚集於此。當時，流亡的概念相對普遍。然而，對於與當時還是一名中學生的我來說，閱讀相關書籍時，總覺得流亡似乎是他人的事情。如今，我卻已成為書中的角色，輪到我自己經歷流亡。

　　2020 年 7 月 18 日，我離開香港前往英國，當時並不確定這是否會是我最後一次離開，手上還持有兩張來回機票。

　　最近兩年來，我接受了一些媒體的訪問，大家可能已經知道，我的意見與港共當局並不一致；我遠赴英國，既不是旅遊，也不是移民，而是我最不願接受的流亡身分。因此我深知，這一生中，我幾乎不可能再回到香港。

　　在華夏的許多文學作品中，流亡的主題屢屢被提及，詩人們對流亡問題的探討大多圍繞著「家」，並且以主觀的角度來理解，像是蘇東坡所言「此心安處是吾鄉」、白居易的「心安是歸處」、

余英時的「我在哪裡，哪裡就是中國」等。的確，流亡與「家」
息息相關，沒有「家」就無法談及流亡。然而，這種主觀的理解
是否正確呢？接下來，我將從流亡世代的 20 世紀開始討論。

何謂流亡？

後殖民理論的創始人薩依德（Edward W. Said, 1936-2003）在 1994
年出版的《知識分子論》（*Representations of the Intellectual*）一書中探討了
流亡問題，直指流亡所帶來的痛苦現象：對某地從未有過歸屬
感的人，總是會感到落寞，對過去感到悲傷，對現在及未來感到
痛苦。薩依德身為巴勒斯坦人，其族群至今仍然在各地流亡。當
然，世上不只他們有流亡的經歷，歷史上最大且持續最長的流亡
族群非猶太人莫屬，自從他們離開耶路撒冷以來，已經流亡了兩
千多年。猶太人與巴勒斯坦人對流亡的理解有著根本的不同。我
認為，受猶太教信仰影響，猶太人認為他們的流亡只是暫時的，
總有一天會回到耶和華上帝所應許的土地，因為他們是「天選之
民」（chosen people）。二戰後，他們終於實現了這一願望，回到耶
路撒冷。當然，以色列的建國實際上是 20 世紀政治發展的結果。
然而，以色列與巴勒斯坦之間至今仍有許多問題亟待解決。猶太
人復國的同時，意味著巴勒斯坦人的失國，於是一方結束流亡，
卻造成了另一方的流亡。

身為流亡者的一員，薩依德所承受的最大痛苦在於「對某地
從無歸屬感」，缺乏「家」的感覺。那麼，「家」究竟應該是什麼

樣的存在呢？今年端午節，清華大學的同事為我送來了粽子。我知道台灣的粽子種類繁多，像南部粽和北部粽等，但無論是哪一種，我都不太喜歡，因為那並不是我家鄉的味道。香港的粽子必定會加入去皮綠豆，且綠豆與糯米的比例必須是三分之一對三分之二，但台灣的粽子並非如此，因此一入口便能識別出這不是我家鄉的粽。我並非想貶低台灣的粽子，不關乎美味的問題，而是這是一種習慣的問題，從中我們可以領悟到何謂「家」。

如今，流散於各地的香港人，不論是離散、流亡還是移民，逐漸浮現出與節日相關的一些問題（如端午節、中秋節、農曆新年）以及政治問題（例如七二一和七一），大家都認為不能忘記過去，因此在特定的日子裡，總會採取行動，表達愁苦、憤慨和無奈等情感或思想。他們希望延續記憶，並認為這是流亡者唯一能做的事情。過去在香港定居時，思考方式並非如此，誰會認為粽子是維繫「家」的關鍵？但在英國，端午節並沒有龍舟競賽，中秋節也不是普天同慶的日子，更遑論新年，慶祝的是儒略曆的一月一日，而非農曆的正月初一，因此粽子、月餅和紅包的地位頓時提升。外在的環境不再能保障我們的記憶與歷史，因此我們必須自發去保留這些。

「痛苦於現在及未來」這句話不僅描述了巴勒斯坦人和猶太人的心情，也同樣適用於香港人。移居外地的香港人至今仍經常高喊如「驅逐共產黨」、「光復香港」、「時代革命」、「香港獨立」、「天滅中共」等口號，這些除了體現政治願景外，也隱約流露出

香港人希望回到過去，保留記憶與歷史的心態。當然，這一切如今已無可能，自從《國安法》和二十三條相繼通過後，香港徹底淪為白色恐怖的統治之下，香港既不可復，亦無法驅逐共產黨，更遑論時代革命與香港獨立。我曾參觀台北景美的白色恐怖紀念館，那裡展現了台灣過去半世紀在蔣氏專制下的各種慘況，以及台灣民主自由獲得的不易，無數仁人志士為後人鋪路而拋頭顱、灑熱血。1983年，我從德國博士畢業後來到台灣，任教於東海大學，當時尚未解嚴，課堂上有所謂的職業學生監視老師的言行，言論與閱讀自由受到嚴格限制。然而，如今一切都已成為過去，大家可以自由地批評任何政治人物，甚至質疑民主本身。在使用現代標準漢語的地區，唯有台灣享有這樣的自由，中共國則沒有，而現在的香港也不復存在。因此，從薩依德的言論中，我們可以深刻理解自身的境況，過去、現在、未來，由時間與空間共同構成的「家」這一概念（時間即記憶與歷史，空間問題稍後再述），如何成為流亡背後最為重要的因素，並影響流亡者對過去的看法及未來的展望？我們還有希望嗎？還是只能永遠「痛苦於現在及未來」？

無數的事物時刻提醒著你正在流亡之中。其實，你的家並不遙遠，日常的來往能讓身處臨時狀態的你，與故鄉保持一種既密切又令人心煩意亂的聯繫。

如果我仍然在香港，即使讀到這些文字，或許也不會有太多感觸，因為那時我尚未離鄉背井。香港與台灣的距離，就像台北

與高雄之間，約一小時多的旅程，正是所謂「你的家並不遙遠」；而我來台的主要目的，並非僅僅是教書，實際上是藉此身分爭取更長的定居時間，以便與親朋戚友團聚，這又是「與故鄉維持密切但令人心煩意亂之聯繫」。我有八個兄弟姐妹，其中七人仍然居住在香港。原本我來台灣時，大家約定今年二月底來探望我，然而不幸的是，弟弟因病臥床，七位妹妹中我最疼愛的小妹也無法前來。坦白說，我非常難過。為何小妹不能來？因為妹夫表示，我已被港共政府列入黑名單，如果小妹來台，將會影響他在中共國內的生意，因此禁止她來與我團聚。白色恐怖確實存在。

此外，我的兒媳及孫子原本約定復活節來台相聚，但在登機前的七天，我的媳婦卻重病纏身，無法成行。若是以往，我一定會立刻飛回香港，但如今我卻無法回去，面對親人天各一方的現實，我感到悲憤莫名。正如薩依德所言，我無法回去，甚至即使回去，也無法保證能安全離開，香港正處於白色恐怖的統治之下。白色恐怖確實存在。

家的概念

前面引述薩依德的幾句話，清楚表達了這次演講的主題：首先，何謂「家」？「家」，真的如蘇東坡所言，只要心安就是「家」嗎？我並不贊同。我認為，這只是一種自我安慰的無奈之語。「家」絕不是純粹的主觀概念。余英時曾說「我在哪裡，哪裡就是中國」，這句話未免顯得狂妄，彷彿路易十四（Louis XIV）自詡

「朕即國家」（L'état, c'est moi）。我對余先生的敬意不言而喻，他在美國普林斯頓建立了華夏文人的風格之家，我也曾拜訪過。然而，離開了他的家，外面的世界仍然是美國，而非中國，正如所謂「風景不殊，舉目有江河之異」。因此，「家」絕非純主觀的概念。

「家」的概念也涉及空間的問題，這一觀點無疑受到海德格的影響，特別是在理解「居所」（Dwelling）方面。除了感受，「家」還與環境息息相關，這並非僅限於物理層面，而是透過存在於世（Being-in-the-world）以及世界作為意義網絡（world as a web of meaning）來理解。海德格認為，人類之所以不同於其他生物，正是因為我們關心自身存在的問題，意識到存在是一個問題，並且這與世界息息相關。他因此創造了「此在」（Dasein）這一術語，「此在」並不能簡單地等同於「人類」（man），因為這個詞涉及對「人」的根本理解。「此在」屬於非反思（non-reflective）的狀態，世界也並非「存在集合」（collection of things）或「一切存在的總和」（summation of all things），而是對「此在」開放的，因為世界是一個完整的意義網絡。因此，我們不需要為自身的存在、所居之所乃至於整個世界進行反思，而是透過日常性（everydayness）來呈現。

由此可見，人類絕非僅僅存在於物理空間的物理存在，而「家」作為居所的需求，不僅涉及空間，還包括集體回憶、價值觀和人情等。人類從原始狀態中創造文化，我認為，這同時也是生活環境從最初的單純物理空間，通過建築轉變為「家」的過程。空間與「家」的區別在於，後者是具文化呈現的居所。文化造就

居所，而居所又呈現文化，彼此互為因果。「家」使我們意識到，我們不僅是存在於世（being in the world），而且是生活在家中（being at home）。

我目前居住在清華大學的宿舍，每次外出後回來，與他人告別時，我都只說「返宿舍」（回宿舍），而不是「返屋企」（回家）。無論其設備如何不足，即使設備足夠，我也不認為純粹由房間、客廳、廚房和洗手間組成的空蕩蕩空間可以稱為「家」。更何況，我明白在這裡的時間有限，終將有離去之日，因此不願意多添置物品；這種情況和心態使我無法視其為家。如果我真打算長期居住在這裡，自然會設法讓這裡變得適合我居住，從而成為「家」。何謂適合居住？至少，它應該令你在其中感到事事就手（Ready-to-hand），完全為你的習慣而設。與我較熟悉的朋友們應該知道，我在香港的家書房十分凌亂，妻子經常要整理，但我卻拒絕，因為即使凌亂，卻也亂中有序，我在其中掌握一切，事事就手。這種掌握與就手的感受，屬於非反思的、日常性的，理所當然（Taken-for-grantedness），它們共同構成了「家」。每次回到家中，你都知道「家」會為你保留並提供什麼，這一切都是恆定、必然和可知的。同樣的道理，為何我們住酒店時不會將其視為家？因為一方面它具備宿舍的特質，我不會長期居住於此，而是暫時改變自身的習慣以適應它；另一方面，它不具備日常性、非反思性、理所當然性以及事事就手等「家」的特質，因為它不會遷就我的習慣。

「心安即是家」這一說法雖然無誤，卻只是自我安慰的表達，

因為人類並非獨立存在。正如海德格所說，人類同時是為他人存在（being for others），即社會關係的體現。因此，「家」不僅僅是自身的居所，還包括所處的社會，而這個社會也具備一定程度的日常性、非反思性、理所當然性和事事就手的特質，這就是所謂的集體回憶與人情。例如，我在香港生活久了，自然知道哪家麵店的水準高，何處購買螃蟹最為划算，以及中文大學裡哪些餐廳的奶茶和奶油多士（吐司）最為出色，這一切都構成了我在香港七十年生活的回憶，它們都是「家」的一部分。如果沒有這些，試問「家」還剩下什麼呢？因此，「家」必然有「情」的存在。

於是，我們又找到了「家」之所以為「家」的另一個要素，而宿舍和酒店都不具備這一要素，那便是「情」。我常常說，人類是「授情者」，我們不僅為自身的生命賦予意義，也為他人的生命賦予「情」，而「情」正是在海德格所提到的「為他人存在」所建立的關係中自然產生的結果。因此，社會是「家」的重要構成部分，而社會又因「情」而聯繫，因此「情」必然是「家」的要素。

談到「情」，我們不得不提到語言的問題。語言是「家」的另一個構成要素。為何我對台灣缺乏歸屬感？因為這裡並非以廣東話為主。語言是人類情感交流的主要媒介，若語言不通，或者不能使用母語暢所欲言，那麼「情」的建立自然會受到阻礙，從而使「家」無法圓滿形成。

移民‧放逐‧流亡

粗略談過流亡的定義、「家」的定義及流亡與「家」的關係後，接下來我將進一步探討移民、放逐和流亡三者之間的不同，以及流亡所衍生的各種哲學問題。

移民並不需要反思，且隨時可以返回故鄉，隨著全球化的日益成熟，移民在 20 世紀已成為普遍現象。放逐則是因政府迫害或犯罪而遭驅逐，這是一種身不由己的懲罰。而流亡則是因為我自覺與當權者的立場不同，同時我的言行也不被政府所容忍，因此自願離開，並可能永遠無法回去。由此可見，流亡既不同於放逐的被動性，也不同於移民隨時可以回鄉的自由。換言之，流亡是一種主動卻不自由的狀態。

我的師長如唐君毅和勞思光先生，皆是從極權的中共國或專制的台灣流亡來到香港。香港為他們提供了自由的空間，讓他們能夠發展學術事業，因此兩人都在香港度過了大半生，唐先生最終在香港去世，而勞先生則在晚年離開香港返回台灣。我生於香港，正如開頭所述，於 2020 年決定離開。勞先生曾表示，除非共產黨與國民黨有所改變，否則他絕不再踏足中國和台灣的土地，我也同樣有此心態。這就是流亡者的態度。

1970 年代我仍在德國就學，那時德國的台灣人非常多，我有不少台灣同學都反對國民黨。其中一位同學在德國待了八年，卻始終未能畢業。我問他，為何不盡快完成博士論文以便畢業？他

回答道：「寫完博士論文後，我去哪裡？」當時我並不明白這句話的悲哀之處，如今我已然明白，因為當時我取得學位後，香港是我的家，我可以回去。但他卻無家可歸。如今我自己成為流亡者，回想起他的話，才真正體會到其中的淒涼與悲慘。在這個意義上，流亡並非只是喪失「家」，而是「喪家」於世。不僅是離開了「家」這個空間，而是與此地的一切情感、回憶和關係都被迫切斷，讓你在世上找不到回去的地方。以往無論外出旅行或出差，都知道總有歸期，但自從2020年這次出發後，我明白這次可能永無歸期。我的這位德國同學雖然未明言，但顯然他也持有流亡之心，對於不變的台灣，他誓言不再回國。

確實，香港已經死去，如今的香港不再是 Hong Kong，而只是 Xianggang，就如上世紀神州大地從古華夏淪為中共國一般。以前我們不曾知道香港的重要性，如今失去後，才明白它的珍貴。香港人正因為無家可歸（existential homelessness）而陷入存在危機（existential crisis）之中。這場危機在於，我們的存在同時受到外界與內心的批判與挑戰，既遭他人質疑，也自我懷疑。儘管流亡者因放棄家園而獲得了自由，尤其是思想與言論的自由，但也因此深陷存在的疑惑中，無法自拔。當然，留在香港的人並不代表擁有「家」，他們也失去了「家」，因為香港已死，如今他們所居之地僅僅是叫做香港，因此他們是在自身家園中流亡；同時，他們也沒有自由。

談到存在的疑惑，讓我想起我曾讀過不少存在主義的書籍，

存在主義者不斷質疑存在本身：人存在於世是否有意義？難道生命不是毫無意義（Meaninglessness）、空虛（Emptiness）、無聊（Boredom）、焦慮（Anxiety）、不真實（Inauthentic）、缺乏安全感（Insecurity）、隨時可能死亡、未知的嗎？而最重要的問題是，為何有而非無？（Why is there anything at all, rather than nothing?）這是哲學中最根本的問題。種種疑問，皆是海德格所欲知並追問的內容。至於如何解答，則是哲學的責任。

與海德格相同，唐君毅先生也簡明扼要地描繪了現代人如何陷入存在疑惑的困境：上不在天，下不在田，外不在人，內不在己。神明道隱（上不在天）、自絕於大自然（下不在田）、對人際關係或文明一無所獲（外不在人）、不自知為何物（內不在己），這便是所謂的四不掛搭，完整地道出了現代人的苦況。面對這四不掛搭，唐先生雖然對於花果飄零感到感慨，但並未讓自己陷入疑惑與空虛之中，而是努力思考與生活。雖然他失去了四川宜賓的家，但他開放心胸，放眼整個華夏作為他的家，而他的所有著作也皆以過去的事物為依歸。這就如同在茫茫汪洋中找到一個錨，讓自己在驚風駭浪中穩立。唐先生藉此悟得生命的真諦，哲學幫助他尋找到解惑脫困的道路。

如今的香港人正面臨著前人曾經遭遇的問題，我們的家園被侵略者以暴力手段摧毀，這導致了我們在自身存在上的困惑，身分受到質疑與挑戰。我們應該如何面對自己？又應該如何面對流亡的現實？前人的經驗與智慧，或許能為我們帶來一些啟示，成

為我們思索人生的指路明燈。

　　最後，針對本次主題，做一個簡短的總結：「家」與「流亡」在當今的香港，正體現出無家可歸的流亡狀態，無論是對於留港者還是流亡者而言，情況皆是如此。

（＊此篇原為2024年6月22日講於台灣國立清華大學。）

[7] 烏托邦夢，夢醒了沒有？

我們永遠覺得明天會更好，相信大部分人都認為，或最起碼，希望社會越來越美好，烏托邦（Utopia）正是由這種希望而來。

八九六四之後，香港人大概有兩個「夢」：「民主中國夢」或「香港榮光夢」，以及大陸宣傳的「中國共產夢」。

此篇就是與大家分享我對烏托邦夢的想法。

四年前，我從香港移居英國，既非移民，亦非旅遊，而是流亡。離港時，我已下定決心，若此地不變，我絕不回去。絕不回去之理由，在於我的「烏托邦」夢已然夢醒。

何謂烏托邦？扼要而言，儘管各家定義內容均有所不同，但無論如何，都離不開一必要條件，就是完美。在這種完美世界中，設想大家都和平共處，毫無紛爭，互相友愛，眾人平等，制度公平，毋庸工作而物資應有盡有，因而每個人皆生活快樂幸福，真心誠意深愛其所處社會。人類過去無數世代，都在渴望這種世界出現，此即烏托邦。

1960年代曾風靡世界的披頭四（Beatles），其一曲〈想像〉（Imagine），街知巷聞。此曲內容就是想像，想像世界不再有殺人、戰爭、痛苦、貪婪、飢餓、疾病，無天堂、地獄、國家、上下，

四海一家，人人和諧共處。若曲中內容成真，豈不妙絕？但這只能是夢嗎？「你可能會說我是一個夢想家，但我不是唯一的一個，我希望有一天你會成為我們中的一員，世界將合而為一。」

兩個烏托邦夢

談到披頭四，則不得不談與該樂團創始人連儂（John Lennon）[1]有關，位於捷克首都布拉格的連儂牆（Lenon Wall）舉世聞名，每日都有無數遊客慕名而來，將自身想法書寫於牆上。另一面連儂牆，則於2014年和2019年在香港許多地方出現，貼上成千上萬市民對這兩個公民運動的意見和心聲，批評極權專制，鼓勵參與市民和學生的話語。如今在台灣，固然可以暢談自身任何想法與夢想，不需要連儂牆，然而，並非每個地方都如此。讓我們來看另一個夢。

那個夢，就是中國共產黨在2012年開始大力宣傳的夢，宣稱全中共國人一致希冀，並為之備感光榮的中國夢。夢中內容說，中共國人一定有能力復興中華民族。共產黨美夢始自馬克思，他於1848年《共產黨宣言》中稱，在歷史必然法則之下，資產階級最終定被無產階級推翻，從而迎接真正平等、正義、無壓逼世界，而這個世界中，每個人都能實現自己，發揮所長，並按

1　編按：John Lennon 台灣通譯為約翰・藍儂；但伴隨香港雨傘運動和反修例運動而起的「連儂牆」，台灣亦援用。

需使用物資。這就是共產黨美夢。當然，共產黨稱此為理想，而非夢，並認為總有天理想會達到。有段影片，講述何謂中國夢。

「共產黨中國夢」影片連結及文字內容如下：

第一部分

中國夢是國家的夢，民族的夢，也是每個中國人的夢。（黃曉明）

人世間的美好夢想，只有通過誠實的勞動才能實現。（周迅）

心往一處想，勁往一處使，就能實現我們的夢想。（吳京）

不管你是什麼職業，只要對得起國家、社會、民族、家人，你就是在給中國夢的實現助力。（李冰冰）

國家好，民族好，大家才會好。只有每個人都為美好夢想而奮鬥，才能匯聚起實現中國夢的磅礴力量。（成龍）

第二部分

富強：稻米流脂粟米白，公私倉廩俱豐。（楊冪）

民主：民惟邦本，本固邦寧。（王俊凱）

文明：選賢與能，講信修睦。（李宇春）

和諧：萬物各得其和以生，各得其養以成。（關曉彤）

自由：俱懷逸興壯思飛，欲上青天覽明月。（趙麗穎）

平等：愛人者，人恆愛之；敬人者，人恆敬之。（俊杰暨李易峰）

公正：治身莫先於孝，治國莫先於公。（楊穎）

法治：立善法於天下，則天下治；立善法於一國，則一國治。（楊洋）

愛國：苟利國家生死以，豈因禍福避趨之。（井柏然）

敬業：天下之難事，必作於易；天下之大事，必作於細。（周冬雨）

誠信：三杯吐然諾，五岳倒為輕。（吳亦凡）

友善：老吾老，以及人之老；幼吾幼，以及人之幼。（藍羽）

社會主義核心價值觀

富強／民主／文明／和諧／自由／平等／公正／法治／愛國／敬業／誠信／友善

以上影片所談到中國夢，並無一個反對者。若這夢果真能實現，有多好。接下來，請大家再觀看另一個中國夢：

「唱民主中國夢」片中歌曲歌詞如下：

我的夢和你的夢　　每一個夢源自黃河

五千年無數的渴望　　在河中滔滔過

那一個夢澎湃歡樂　　那一個夢傾湧苦楚

有幾回唐漢風範　　讓同胞不受折磨

那天我中國展步　　何時睡獅吼響驚世歌

沖天開覓向前路　　巨龍揮出自我

要中國人人見歡樂　　笑聲笑面長伴黃河

五千年無數中國夢　　內容始終一個

要中國人人每一個做自由樂暢幸福我。

建設民生中國，平反六四。

剛才兩個夢，何者為真？第二段影片所說的民主夢，乃是八九六四後香港民主人士盼望「民主救中華」的夢。

第一個夢囊括所有中外文化最好的價值，放在獨裁專制政權下吹噓。這個夢會實現嗎？

2020年我曾接受訪問，當時我就說，中國的確從來只有一個，但不在大陸，而在台灣。

我1949年出生（與中共攫獲現代中國政權同年），在德國完成博士學位後，1983年來台，任教於東海大學。其時台灣仍相當落後，沒有民主，且問題一大堆。但短短幾十年間，台灣已有公

平選舉，2024年1月，在自由開放和公平競爭的環境下選出新任台灣總統。故「民主中國」這個夢，可能由台灣實現。台灣有夢與否我不知道，即使有，也不知道是否兩千三百多萬人發同一個夢？但是，第一段影片所述的中國夢，編織出一大篇冠冕堂皇的說辭，其所顯示共產主義此意識形態，均強調它是整個中共國與所謂中華民族的夢。然而，事實上這只是獨裁者一人的美夢。

烏托邦是什麼？

「烏托邦」此概念，源自英國人湯瑪斯・摩爾於1516年所著的《烏托邦》（*Utopia*）一書。書中刻畫一個完美國度，該國度以柏拉圖《理想國》為藍本虛構而成。柏拉圖最初從「如何令眾人得享公義與和平生活」為切入處，憑空設想出一理想城邦，認為城邦要有公義，則必須由三個階級組成，當中最重要者，莫過於哲學家國王（philosopher king）。柏拉圖指出，因為普通人不能明白何謂真理，唯獨哲學家方明白真理以及人類追求幸福之真義何在，所以，哲王乃城邦靈魂人物，關鍵所在。此概念代代流傳，中間歷經基督教，然後於16世紀融入摩爾《烏托邦》一書中。

「烏托邦」，英文「Utopia」，希臘文「outopos」，其中「-topos」為「某地方」之意，而「ou-」或「eu-」則兼有「不存在」與「美好」兩義。換句說話，「烏托邦」可理解為「某個不存在的美好地方」。這個詞由摩爾創造，基本上，烏托邦是個相當模糊的概念。

摩爾是16世紀時人，當時歐洲人於全世界開疆拓土；同時

間，英國社會內部問題極多。對其時代苦難的厭倦、憎惡、想要矯正弊病，以及對未知世界的憧憬與渴望，在兩種背景交織下，摩爾設想海外有個名為烏托邦的島，邦中到處欣欣向榮，邦民文明、開放、公正，而其最美好之處就在於毫無紛爭，因為他們早已取消引起紛爭的禍根──金錢。若無金錢與私產，世界有多美好！摩爾於書中強調，他「發覺」烏托邦，但烏托邦可能不存在。後來嚴復翻譯此書，以「烏托邦」翻譯「Utopia」，其所給出的理由是，這個地方乃「子虛烏有所倚托之邦」。

　　大抵而言，每個人心中均有個理想的社會模型，無論東西方，內容則大抵離不開完美、和諧、和平、純真、美好、平等、博愛、無戰爭、無剝削、無疾病、無匱乏、天堂式、排除一切負面的東西。與現代世界兩相對比則不難明白，何以各種烏托邦均有此共通處，因為現代世界就是充滿腐敗、剝削、痛苦、死亡、壓逼、奴役、飢餓、疾病等等負面事物，從未有歷史以來即已存在。這些負面事物的根源何在？就在於人類不完美，人類自出娘胎即帶著滿身罪孽。否則，何以盧梭會於《社會契約論》（*Du contrat social ou Principes du droit politique*）說「人人生而自由，但卻無處不在枷鎖之中」？

　　我們既已知問題的根源何在，則應該思考如何根治問題。這是歷代思想家、宗教家、科學家窮年累世，孜孜不怠，以求解決的最大問題。但是，人類之所以為人類，正因我們有人性，人性卻不完美，因此，人性根本不可能改變，除非人類不再是人

類。因此宗教家訴諸於上帝。他們認為，人類歷史上唯一會出現的烏托邦，就是伊甸園；伊甸園此烏托邦所以能出現，是因為上帝親自創造的原初人類完美無瑕，由這些完美人類共同維持的伊甸園，自然是可出現的烏托邦。後來我們失去烏托邦，乃由於人類開始墮落，破壞與上帝所立契約。換言之，若我們想再建立烏托邦，必先重返完美狀態，而欲重返完美狀態，唯有透過上帝救贖我們。後來上帝就派遣其獨生子——耶穌——來為世界清洗罪孽，以救贖人類墮落的根性，這是基督宗教的根本教義。

基本上，人類世界不可能達到真正的和諧與完美。正如佛家所說，人或其餘一切有情眾生，不過是五蘊、十八界、十二因緣偶爾聚合結成，生死煩惱墮落沉淪等「苦」，也由是積集，人間之苦根本不可免。因為苦與人間同起共滅，甚至可理解為人間即苦，苦即人間。

相對於宗教家，思想家及科學家（尤其後者），則認為人類本性可憑藉人類自身力量改變，如理性、道德、政治制度、科學發展等加以矯正。只要創造正確的社會、政治、經濟結構，人類完美性（Human Perfectibility）有望成真。

正如上述，每個人都希冀更美好的世界出現，無論從宗教、哲學、科學角度切入，以追求人類完美性，這種夢想，曼努埃爾（Fritzie P. Manuel）稱為「烏托邦傾向」（Utopian Propensity）。何謂烏托邦傾向？一言以蔽之，即每個人都會有「明天會更好」那種正向潛意識，對於未來憧憬、希望、幻想、渴求，如披頭四的歌，想像。

譬如在座各位大抵會認為，自己可透過完成大學學位，改變現狀，有更好的前途。這就是烏托邦傾向。當然，凡事總有例外，必定有人不具備烏托邦傾向，而我們通常會用「悲觀」來形容這類人，不過大部分人通常「樂觀」，儘管這種樂觀多少含有幻想在內。

就時空維度而言，烏托邦有兩個種類，前面所說的伊甸園，以及古希臘黃金時代、基督教天國、莊子的至德之世、老子的小國寡民，都屬於超越人類歷史的一類；而在人類歷史脈絡下最著名者，莫過於桃花源。試觀陶淵明〈桃花源記〉所云：

> 晉太元中，武陵人捕魚為業。緣溪行，忘路之遠近。忽逢桃花林，夾岸數百步，中無雜樹，芳草鮮美，落英繽紛。漁人甚異之。復前行，欲窮其林。林盡水源，便得一山，山有小口，彷彿若有光。便舍船，從口入。初極狹，纔通人。復行數十步，豁然開朗。土地平曠，屋舍儼然。有良田美池桑竹之屬。阡陌交通，雞犬相聞。其中往來種作，男女衣著，悉如外人。黃髮垂髫。並怡然自樂。

此段開首第一句，即說明日期，所記為東晉孝武帝太元中葉時事。其後，陶淵明又寫道：

> 見漁人，乃大驚，問所從來。具答之。便要還家。設酒殺雞作食。村中聞有此人，咸來問訊。自云先世避秦時亂。率

179

妻子邑人來此絕境，不復出焉，遂與外人間隔。問今是何世，乃不知有漢，無論魏晉。此人一一為具言所聞，皆嘆惋。餘人各復延至其家，皆出酒食。停數日，辭去。此中人語云：「不足為外人道也。」

此段更是用時間來襯托空間差異。桃花源乃為避秦而產生，因而不知其後有漢、魏、晉等朝代更迭事。換言之，桃花源雖與我們處於同一個世界，但卻又與我們的世界隔絕，故才會出現認知差異（乃不知有漢，無論魏晉）。這種差異，又反過來突顯出兩個世界在時間認知上前進緩速之不同。〈桃花源記〉所以有此書寫效果，正因為它被置於真實歷史脈絡下。

置於真實歷史脈絡下與否，這個本質上的不同，令桃花源稍異於其他烏托邦。桃花源並不需要我們改變，而只要我們找到即可，因為它已然存在，問題僅在於我們能否找到。但其他烏托邦，至德之世、小國寡民、蓬萊仙島、極樂世界、天宮，全部都架空歷史，與現實世界不同，而成為只在理念中之事物，必須透過我們努力改變，尤其是以知識，才能達到，正如摩爾所說。

真正能承繼這種說法者，就是馬克思。他在1848年發表《共產黨宣言》，當中有句名言為世所知：「到目前為止，哲學家仍在理解世界，但最重要的，應是改變世界。」改變世界的動力，正是我們自身的思想與能力。當然，就共產黨整個運動而言，他們改變現狀，還依靠暴力。

中國的烏托邦思想

但話又說回來，雖然我們稱桃花源、至德之世、小國寡民、蓬萊仙島等為烏托邦，嚴格說來，從某個角度觀察，華夏本身並沒有烏托邦思想。華夏只講大同，不講烏托邦，大同源自神話與傳說，如三皇五帝。不過實際上，大同思想也是近代中國的產物，滿清末葉才有。

廣州中山大學永芳堂前，豎立多個先賢銅像，當中包括三個深刻影響現代中國思想的人物，即洪秀全、康有為、孫文。這三人是近代化烏托邦思想為大同思想的重要人物。眾所周知，孫文的三民主義，要旨在於天下為公，而天下為公則出自《大同書》。康有為所著的《大同書》是部充滿奇思怪想的書，他認為世界可以改變，而世界的問題在於人類有差別，故唯有消滅一切差別，世界才可改變。消滅一切差別，就是再沒有差別，沒有差別就是所有人都相同，所有人都相同便是大同，此即大同思想。康有為稱大同思想源自孔子，為此他另著有《孔子改制考》與《新學偽經考》，與《大同書》並列為三，都是試圖將大同思想托於孔子名下，並引舉世知名的《禮記·禮運大同篇》來證明自身說法。

《大同書》在儒家脈絡下講大同與小康，似乎沒有太大問題，因為《禮記》的確有記載大同小康之說，而《禮記》又確為儒家「六經」之一無疑。然而，如果大家稍熟儒家思想發展就會知道，自春秋戰國至近代，民國以前絕無一個碩學鴻儒談論大同小康之

181

說。事實上，深思就會發覺，大同之說與儒家講究五倫等級的根本要義相牴觸，因為它其實是墨家及道家思想。正如錢穆先生於《中國思想史》所云：

> 〈禮運〉也是編集在《小戴禮記》中一篇無主名的作品，大概也出在荀卿之後，秦漢之際，同樣是會通百家後的新儒家理論。這一篇文字，在前雖沒有獲得像〈大學〉〈中庸〉般受注意，但最近百年來的中國思想界，特別提出這一篇文章，是因其代表了古代新儒家思想之又一面。〈大學〉較偏重政治，而〈禮運〉則較重經濟，但都根據儒家態度，要來解決全部複雜的人生問題，而求達到一理想人生的新境界。完成一理想的人文社會的「烏托邦」。在這一點上，〈禮運〉與〈大學〉，可謂是異曲同工，貌合神離的姊妹篇。[2]

〈禮運〉思想還是儒家思想的衍生，但提高了「道」的地位而抑低「禮」的地位，這已融入了道家觀念；人人不獨親其親，不獨子其子，則又融入了墨家的兼愛觀念；並且重視經濟生產的立場，比荀卿僅用經濟分配觀點來擁護禮的效用又有所別。這些都可看出，當時思想界調和各家各派，希望尋得更高出路的努力。

儒家從未講過公平的大同世界。當然，康有為只是假托孔子

---

2 《錢賓四先生全集》，台北：聯經，1994，24A:103-105。

之名，藉此發揚自身思想，以不離開華夏傳統為前提，令中國人明白其主張。但無論中國人明白其主張與否，他的烏托邦主張最終都沒有實現，當然是因為太過奇怪。

與他相比而時代較早，則有個烏托邦幾乎可能實現，那就是洪秀全的太平天國。太平天國當時兵鋒銳不可擋，沿江淮而上，大破六百餘城，勢力遍及十八省，滿清殆亡於此役。然而，太平天國真正的意義並非逐鹿中原，爭奪江山，而在於其背後理想。「太平天國」一名何來？從基督教而來。洪秀全自詡為耶穌之弟，他或許有點精神錯亂，但無論如何，可以肯定洪秀全並不真正理解基督教教義，他只是利用基督教精神，將上帝作為太平天國精神所在。太平天國最終被打敗，一方面當然由於內部貪汙腐敗，軍紀不肅，爭權奪利；另一方面則因為消滅太平天國者——即曾國藩——正代表儒家精神。換言之，滿清與太平天國之戰，其實亦是儒家與基督教之爭。不知康有為是否知道太平天國所以失敗之由，但他卻比洪秀全更進一步，將從烏托邦思想所變成的大同思想，歸於孔子名下，從而符合華夏傳統。

孫中山繼承康有為思想，形成後來的三民主義。我知道三民主義對現今台灣人而言，有種負面感覺，因它為台灣帶來壓逼與不幸，故如今學校已沒強逼大家學習三民主義。三民主義曾是國民黨意識形態，但撇除這層意義不論，單就主義本身，自有其意義。當然，今天不會深入探討相關問題。

綜觀以上洪、康、孫三家思想，可以發覺，近代中國出現

的大同思想，一方面藉改變孔子思想而來；另一方面則是吸收西方思想，尤其馬克思主義。1848年馬克思發表《共產黨宣言》，1917年列寧革命，建立蘇聯，到1989年東歐共產陣營瓦解，1991年蘇聯解體。至此，整個共產黨烏托邦可謂徹底消失。當蘇聯變回俄國後，不少歷史學家都說，「end of history」，但果真如此嗎？似乎不是。至少從表面觀察，中共國、古巴、寮國、越南的官方意識形態依然是共產主義。馬克思當初構想以暴力革命推翻資產階級，建立無產階級專政，然後使眾人得以各盡其長，各施己能，建立美好社會。但經歷國際共產陣營超過半世紀大規模試驗後，我們不妨大膽說，共產主義錯了，因為它反人性。

反烏托邦潮流

其實自1920年代後，西方人已漸少談論烏托邦思想，尤其1949年歐威爾（George Orwell）發表《一九八四》一書以來，明言極權為世人帶來何等災害，自由將被徹底剝奪，這些反烏托邦（Dystopia）思想帶來巨大震撼之後，烏托邦開始不斷遭到否定。當然，在反烏托邦主流中，依然有股逆流，例如德國重新統一，當時有前東德國人問，民主自由果真如此美好及完全正面？現今台灣，亦有人發出同樣質疑。有次我乘搭計程車，與司機談話，他對我說，台灣人太自由，經常胡亂發言與盲目反對，自由也不見得有多好。他覺得以前共產主義世界較諸於現在為好，儘管不自由，但有飯吃。不知道大家有否去過中共國，他們現在物質生

活確實很豐富，只是沒有自由。不過自由又果真有用嗎？自由值得我們為它反抗嗎？以上種種質疑又合理嗎？但因烏托邦試驗已隨共產陣營瓦解而以失敗告終，才導致其支持者總是在輿論上不敵反對者。如上述這位計程車司機，在台灣只能成為小眾。

而且的確，自尼采提出虛無主義以來，反烏托邦已成為主流，如今似乎很少人憧憬美好未來，相反，反烏托邦書籍與電影卻成行成市，烏托邦彷彿已成過去。不過，正如萊曼‧薩金特（Lyman Tower Sargent）所說，而我亦認同：「烏托邦與希望無可取代。」因為「一旦大家放棄創造自身未來的權利，就只能屈服於命運，正如共產主義者與資本主義者所告訴世人，那種經濟規律，從而令我們失去生命。」由此出發，薩金特亦已暗示，共產主義錯誤，難道資本主義就正確？我們摒棄共產主義，難道就要接受資本主義？我們仔細思考就會發覺，即使共產主義已然土崩瓦解，但世界依舊腐敗惡濁，多災多難。因此，我們不能放棄烏托邦，因為我們不能放棄改變自身苦難的希望。儘管烏托邦已失去其政治地位，但至少它仍可存在於我們希望之中。正如王爾德（Oscar Wilde）所講，「世界地圖卻不包括烏托邦，根本不值一瞥。」因為沒有夢想之地的世界，就再沒有改變可能，從而陷入絕望之中。追求夢想實屬必然而正確之事，但同時需要小心，要搞清楚這個夢想，到底果真是你個人夢想，抑或如同中國夢般。

剛才談到資本主義與民主，令我想起赫胥黎（Aldous Huxley）曾如此告誡：「完美獨裁政權會披上民主外衣，建立一座無圍牆

監獄。在其中，囚犯連做夢都不會想到要逃脫。因為其本質上是個建基於消費與娛樂之上的奴隸體系，在此體系下，奴隸熱愛被奴役。」儘管此言發表於多年前，但大家不妨思考，他的話可有道理？台灣表面上擁有民主，但大家似乎不甚關心自身權益、幸福、自由是否真正獲得保障，政府在這方面是否果真盡忠履行責任，抑或他們只在乎我們有否去消費、吃飯、娛樂就夠了？

從烏托邦到完美獨裁

2016年斯坦・林根（Stein Ringen）在香港出版了 *The Perfect Dictatorship: China in the 21st Century* 一書（台灣繁中版由左岸文化出版《完美的獨裁：二十一世紀的中國》），當時已然指出，中共國的獨裁統治即將變得完美，且說人類兩千多年來，並無一個地方如當今中共國般，具有如此完美的獨裁制度，而這個完美獨裁制度乃建基於絕對控制之上。若大家有讀《一九八四》，應對一句名言不感陌生：「權力目的就是權力，正如暴力目的就是暴力」，權力從來都不是為人民。為何權力目的就是權力？因為他們要延續自身統治千秋萬代，永恆不墜。《完美的獨裁》一書，正指出中共國亦具有如此傾向，延續自身高於一切，為達成此目的，他們可排除任何人、事、物，而所有人、事、物，亦必須以此目的為大前提。

我清華大學有位同事剛自中共國回來，他指出，如今在大型商場，實體貨幣形同廢紙破銅，毫無用處，你要買任何東西，全

部只能用電子支付。很多人認為電子支付相當方便，但這亦同時意味著，你任何時候乘搭過任何交通工具到任何地方，足跡、距離、路線、所需時間，以及在任何地方買過、喝過、吃過、用過、玩過、做過什麼，全部裸現於政府眼前，被其徹底掌握、定義、控制。過去歐威爾說「老大哥在看著你」，這個「watching」不只是監，更是控，監就是為控，控是監的結果，監是控的前提。如今打電話相當方便，但電話內容，肯定全被監控，這無分極權世界與否，因而世界是否極權的界線亦日益模糊。

《完美的獨裁》一書又指出，基於這種絕對控制，中共國凝結膠固，牢不可破。但並非完全沒有反抗活動。在各層級與領域的人物都對黨絕對忠誠的大框架下，少數人仍不斷嘗試突破界限。當然，從現狀觀察，可知這種嘗試自然一一以失敗告終，或起碼到目前為止，都未收效。因為大部分人為自身計，都只能選擇對黨絕對忠誠，變相孤立抗爭者。

我多年前有位在北京清華大學任教社會學的朋友，很明顯，他對中共國多有不滿處，但他對我說，不滿意沒有用，除暗中不滿意外，你不能做任何事，否則將會招來徹底打壓。只要你有一言半行觸怒黨，北京清華大學馬上會將你掃地出門，而清華大學不要你，等於全中共國幾千間大學不要你。換言之，不忠誠就沒有工作，亦即生計斷絕，只能等死。這不同於自由世界，「東家唔打打西家」，中山大學不要我，我還可去清華大學、政治大學、台灣大學。中共就是用這種方式，控制每個人思想。

此所謂白色恐怖。

　　大家應該到台北景美白色恐怖紀念館參觀，就會知道，在二二八中多少人為爭取自由而身陷囹圄，甚至被判死刑。台灣人或許會以為，這些都是過去與歷史，但很明顯不是，而是現在，如今香港正處於白色恐怖之中。我不怕對大家明言，若我現在回香港，肯定有人身危險，因為我眾多言論都被中共國視為「危害國家」，此即《完美的獨裁》一書所提出的新概念，控制統治（controlocracy）。慶幸還有台灣可供我言論自由。台灣是當今華人世界唯一尚餘自由之地。

　　在控制統治之下，我一眾香港朋友已逐漸習慣不能隨意發表言論，你永遠不知道其紅線在何處，故而整個社會瀰漫恐怖氣氛，大家惶惶不可終日，自我審查，自我閹割。自由，不應該是如此。香港《基本法》第二十三條立法，正是近來散播恐怖氣氛最顯著而具體的表現。何謂顛覆國家？任憑他隨意定義。法律完全不是為保障人民，而為鞏固政權，成為控制人民的武器。何謂有罪，由政府決定，何謂幸福，人民自然亦無置喙餘地。因此，才會有中國夢。

　　剛才宣傳影片所示，希望講明中國夢並非獨裁者習近平一人美夢，而是整個中華民族的共同偉大夢想，每個人都應做同一個夢。中國夢當然也包括香港在內，因此，我們便經常可以看到「中共國如何則香港如何」這種模式的話語，充斥於整個香港。在這種綁架式的夢想中，香港當然要「全心全意擁護黨的領導」，完

全服從黨絕對正確的命令。

事實上，正如《完美的獨裁》一書所言，「中國夢是個極度危險的意識形態」，它「建立在權力和國家偉大的修辭之上」，完全不是哲學，而是意識形態，它以囊括一切的體系姿態形成，且強調自身絕對正確，不容質疑。若有質疑，則質疑者將成為國家公敵與民族罪人，因為中國夢是所有中共國人和中華民族的共同夢想，凡質疑者就是反對整個中共國及中華民族。若在此一意識形態主導下，每個人的未來、命運、人生意義，都要同一，結果就是個人將完全消失於其中。一直以來，烏托邦本身不是問題，問題在於要成就烏托邦，則必須完全放棄自身、主觀、己見、自由，如果仍有這些，則大家便不能完全服從集體，進而共同構成完美社會。你的自由只能由集體授予，不能自己擁有。換言之，烏托邦最大問題在於集體主義。

《一九八四》另一句名言是：「當你能無所顧忌，說出二加二等於四，這就是自由。」在極權世界中則不然。二加二等於什麼，不由你決定，若今日黨需要它等於五、六、七、八，明日又重新需要等於四，你都要服從。然而，如此一來，又何來自主自由？故此，有中國夢就沒有個人夢，兩者水火不容。

卡爾・波普（Sir Karl Raimund Popper）曾說，「那些向我們許諾人間天堂者，除地獄以外，一無所有。」地獄是什麼？就是沒有個人的天堂。天堂，表面上是最美好的，但這個最美好乃建基於沒有個人，獨裁者自己除外。一切幸福、自由、美好都只是他一

人私有之物。因此,波普在《開放社會及其敵人》(*The Open Society and Its Enemies*)一書明言,柏拉圖所刻畫的理想國由哲王充任領袖,這個領袖乃唯一掌握真理之人,因而帶領眾人前往烏托邦。「唯一掌握真理之人」,意味著其言不可改變及提出異議,因他是最後真理,如此一來,乃是對我們每個人自由思想的褻瀆,甚至強姦。柏拉圖的哲學王,基本上無異於共產主義中的無產階級領袖,以及基督教中自詡代表上帝這個最後真理的神職人員,尤其教宗。卡爾‧波普指出,根據英國傳統自由主義,自由就是我們可以提出另一套標準的自由。基於這個想法,所以堅定反對烏托邦那種消融個人於集體中,事事講究絕對同一之團體利益。換言之,此乃一元與多元之爭。

一元世界中,定有唯一真理存在,所有事物都必須服膺於此真理下;相反的,多元世界則強調開放性質,既無不可質疑的必然真理,更無唯一真理,真理都是在自由環境中,透過反覆試錯而鍛鍊出來。如果多元世界是開放社會,則一元世界便是封閉社會。封閉社會無論宣傳得如何冠冕堂皇,它永遠是獨裁政府,強逼所有人與獨裁者做同一個夢。

烏托邦在香港

十年前3月28日,是台灣太陽花運動,這場運動稍微改變台灣政治,可謂成功。同樣十年前,香港雨傘革命,從9月26日到12月25日。雨傘革命最終失敗。七十九日佔領旺角、中環、尖

沙咀、銅鑼灣等各處心臟咽喉地帶。從時間長度言，較諸於同類型政治運動，如太陽花及美國佔領華爾街，雨傘革命都來得長。

　　圖中三人，由右至左為陳健民、戴耀廷和朱耀明。戴耀廷為香港大學法律系教授，現在仍在牢中，不知道何日可以出來，他的案件到現在仍未審完，我相信他至少要坐二十年以上。[3]

　　從2014年到2024年，香港發展每況愈下，中共國答應給予香港一國兩制、高度自治、基本法治，大家信以為真，認為我們的生活方式果真能夠保存五十年。我如今才明白一切都是騙局。因此，馬英九說，中共國答應台灣一國兩制，若你仍相信，你就是天真與無知。

3　稱為「四十七人案」的香港民主派立法會初選「串謀顛覆國家政權」案在2024年11月19日法庭裁定，初選組織者為「首要分子」的戴耀廷罪成，被判囚十年。

　　除佔領時間長，雨傘革命另一特徵是，它具有烏托邦色彩。七十九日雨傘革命，所為何事？我著有《異域》一書，講述自身經歷。若你2014年曾到過中環，你會看見烏托邦正形成於其中。在此烏托邦中，每個人均自由活動，且被公平對待，當中沒有等級，所有物資亦不用錢，可隨便取用，學生都在裡面做功課、圍爐、吃飯、聊天。當時我觀察這個現象，產生一種真正民主及烏托邦體驗。當然，我認為或許用傅柯所說「異托邦」（Heterotopia）來形容當時的中環，更加貼切。因為，它既存在於現實中，卻又有異於現實，如同置於歷史脈絡下的桃花源。此異托邦體驗，那種真正開放與和平，以及完全消除階級與差別的體驗，在我一生中從未曾有過，我感到相當奇怪，我從未想過、亦知道沒有人會相信，烏托邦竟會出現在香港。（參看本書第八章〈夏慤村的悲劇〉）

　　七十九日雨傘革命，只是要求全面普選，以建立公平廉能的政府，結果大家都知道，從2014年到後來2019年，無論多少人上街抗議，政府就是不理我們。因為政府自始至終都知道，他們不需要聽從香港人意見，權力不在我們手上。故此，中環烏托邦伊始即已注定以希臘悲劇式收場。希臘悲劇一貫強調命運不可逆，若命運注定你失敗，不管你試圖如何扭轉，都屬徒然。然而，希臘悲劇所以激勵人心，亦正在於其面對命運不可逆的大前提下，眾英雄依然對抗到底，絕不屈膝認命。中環烏托邦眾抗共英雄，亦是基於如此心態而抗爭到底。

儘管中環烏托邦於2014年12月25日被夷平，而在更大的政治體系中，共產主義亦告破滅，但烏托邦仍然存在於人類希望中。至於要如何實現烏托邦，以及在實現過程中如何避免它再成為反過來吞噬大家的「利維坦」（Leviathan），需要我們繼續思考，而思考前提，必然是夢還沒有死。2019年的香港憲法保衛戰，是我們最後一次做夢，如今香港是絕對不可能再有，我們的民主自由夢在2024年已然變成《國安法》及《基本法》第二十三條。

剛才談到白色恐怖紀念館，我曾在中央研究院聽一位朋友的二二八演講，他說，二二八不是歷史，而是現在與未來，我們不能忘記二二八帶來的意義。當年那些對抗暴政的人們，他們被收監、虐待、殺害，甚至寫下的遺書亦不能送到父兄之手，這是何等悲哀！他們如此歷盡困苦，備嚐艱辛，到底所為何事？仍然是個夢想，就是希望建立公正、公義、和平、沒有逼害的社會，為此，他們前仆後繼，雖死而無悔。

兩千多年來，不少人認為烏托邦既無意義，又是悲劇，但我仍堅持，絕不能沒有這個夢。烏托邦雖是個夢，不過它同時代表改變與進步。但過去兩百年，這個夢為世人帶來無盡的暴力與極權，然則，這個夢應該繼續夢下去還是夢醒？如應該夢醒，又何謂夢醒？夢醒之後，我們是否繼續營營役役，渾渾噩噩，毫無意義生存下去，直到老死為止？是否這樣就滿足？每個人都一定有夢想，需要我們繼續發想下去。

最後，請大家再欣賞一段影片。

〈願榮光歸香港〉，片中的歌詞如下：

何以這土地淚再流

何以令眾人亦憤恨

昂首拒默沉　吶喊聲響透

盼自由歸於這裡

何以這恐懼抹不走

何以為信念從沒退後

何解血在流　但邁進聲響透

建自由光輝香港

在晚星墜落徬徨午夜

迷霧裡　最遠處吹來號角聲

捍自由　來齊集這裡　來全力抗對

勇氣智慧也永不滅

黎明來到　要光復這香港

同行兒女　為正義　時代革命

祈求民主與自由　萬世都不朽

我願榮光歸香港

影片後續內容如下：

一百萬、兩百萬，你都置之不理。你對市民的訴求視若無睹。

但你不是公務員、人民公僕嗎？不是該為香港人服務的嗎？

一個領袖不是該在面對反對聲音時，細心聆聽、好好反省、

　　檢討自己，然後作出改變的嗎？

不！我們都忘了，因為你不是由人民選出來的。

所以不用向港人交代和負責。

從一開始已不是港人的領袖了，對吧？

這一切都是從和平抗爭開始的。

就在那一天，你們發射了第一枚催淚彈。

包圍著我們，我們走不了。

就在那一天，你們用所謂的權力，拘捕了第一名無辜的抗爭

　　者。

就在那一天，你們對我們拳打腳踢，第一次使用橡膠彈。

我們徹底失望了。但你知道嗎？我們不怕。

　　難道你們都忘記了自己的身分、收入，來自我們所給予的

差餉？難道你們都忘記了自己所擁有至高無上的權力，是人

民賦予的,要學懂克制?難道你們都忘記了自己也是香港的一部分?我們已不敢奢望能得到你們的保護。只求不用再承受你們的暴力、打壓,不用再因你們而受傷、落淚。我們約法三章,你不犯我,我不犯你,好嗎?生於亂世,對抗極權,我們不怕。只因有著彼此。在此,我們想多謝絕不退縮、不畏強權,透過鏡頭揭露真相的記者。不惜犧牲自己為求守護和拯救生命的救護員、醫生、護士。謹守崗位、保衛我城、抱持初心、與民同行的消防員。堅守信念、傳授真理、與學生同行的校長和老師。還真相與自由予義士、維護司法獨立、堅守原則的法官和律師。面對警察同為公僕依然濫權打壓、知法犯法的行為,恥與為伍且堅持與民同行、維護法治的公務員。即使承受著壓力、面對著被捕風險,仍保護我們的保安人員。總在我們感到乏力、無助之時,給予我們支持與關懷的社工和宗教團體。還有甘願犧牲自己也要為港挺身而出、打抱不平的前線手足,以不同方式抗爭、作前線的後盾、製作文宣、為港憂心的後勤與和理非。你們都是香港人的驕傲。再大的難關,我們也能攜手並肩,跨越克服。香港人很勇敢、很寶貴、很偉大,有你們,香港才成為一個家。有你們,香港才是香港。七個月,說長不長,說短不短。但我們犧牲的已經太多。接下來的路,讓我們繼續守望相助。同甘共苦,齊上齊落。

　　這一仗沒有退路。我們必須要贏,我也相信我們一定會贏。

　　這段影片，是由一批香港中學生在2019年時拍攝。這段影片充分證明，他們何等浪漫、天真、做夢，因為他們認為其希望會實現，結果當然一一落空。2020年後，香港已死（Hong Kong is dead），如今香港只是Xianggang。修改《一九八四》所講，「謊言即真理，強權即民主，服從即自由，人治即法治，吃喝玩樂即太平盛世。」

　　如今香港局勢維艱，但這批中學生，以及其他不甘放棄者，可能還未離開香港，我知道他們不會放棄。

　　儘管烏托邦夢已醒，但並不表示我們不能抗爭奮鬥下去，追尋民主自由的理想。

　　本來這個講座，應該在我們香港人自己的地方開辦，但很可悲，如今我已是流亡之人，只能在台灣及日本講。無論如何，感謝各位給我機會，與大家分享我自己及香港人的生命歷程。

　　最後，我在2023年所發表《山城滄桑：回不去的香港中文大學》，顧名思義，我再也回不去我曾生活半生的中文大學，不但我回不去，中文大學本身亦回不去。中文大學曾是全世界華人社會中，人文領域上，最自由開放的大學，但如今已淪亡。大學教育，尤其哲學系，如果沒有自由，則一切都是虛假與無意義。希望大家多思考，如何保存自身自由。我必須再次強調，台灣是華人社會中，最後尚餘民主自由的地方。謝謝大家。

（＊此篇原是2024年4月29日高雄國立中山大學演講。）

[8] 夏愨村的悲劇

　　雨傘運動至今已過了十年，最初的口號是「讓愛與和平佔領中環」，但後來運動戲劇性地轉化為佔領金鐘七十九天——許多人認為這是一個意想不到的「奇蹟」。

　　我們所熟知的雨傘運動，或者更貼切地說，雨傘革命，重塑了其三個主要發起者（佔中三子）的初衷，並不可逆轉地改變了香港人的命運。這場運動後來過渡到反引渡法案抗爭，喚醒香港市民意識到他們的未來取決於自己的行動。爭取民主和自由變得至關重要。儘管最終的結果令人失望，但香港自此已成為昔日的陰影，慢慢淪為只是內地另一個沿海城市。對於我們這些被迫背井離鄉的香港人來說，痛苦、悲傷和憤怒是無法逃避的。

　　夏愨村，這個在香港中環被佔領的空間，其獨特的個性仍然無與倫比，在未來也不太可能被複製。當與類似的全球社會運動對比——例如2014年在台北為期二十三天的「太陽花運動」、2011年在紐約總共六十三天的「佔領華爾街」，甚至是1989年在北京天安門廣場為期四十九天的佔領運動——夏愨村的七十九天能脫穎而出，成為真正史無前例的非凡現象。

　　香港的「雨傘革命」是一場重大的公民抗命運動，從2014年

9月28日到12月15日，歷時七十九天。它始於9月22日，當時數以千計的中學生和大學生發起罷課行動，以回應北京宣布2017年民主選舉行政長官的誤導性「普選」。關鍵時刻發生在9月28日，香港警方發出了八十七枚催淚彈以驅散數以萬計的示威者；然而，這一努力被證明是不成功的。之後，由學生領導的公民抗命運動佔領了香港島和九龍半島的三個主要區域：旺角和銅鑼灣的繁華地帶，以及港島中區的干諾道。我這篇文章裡的反思，與其說是對革命的社會和政治層面的分析，不如說是對香港中環被佔領地區的烏托邦經驗之個人探索。

重溫歷史：香港異托邦——夏慤村

干諾道佔領區（後來稱為「夏慤村」）位於香港金融中心的心臟地帶，長達兩公里。在這個圍繞著香港政府辦公室的區域內，最初只是一連串零散的路障來對抗警察的行動，後來逐漸變成一個露營帳篷和框架帳篷充滿活力的小村莊。據估計，整個區域約有一千九百個帳篷，遍布干諾道中、夏慤道、添美道、立法會前地和添馬公園。一般來說，這個區域交通繁忙，每分鐘有數以千計的車輛經過，幾乎沒有行人的空間。然而，在佔領期間，村內人來人往，絡繹不絕，有數百名學生和示威者全天候居住在佔領區內。

佔領行動的目的是為了倡議香港政府行政長官可自由和公開選舉。這個訴求意味著對真正民主和普選的呼喚，而早在三十年

前的1984年《中英聯合聲明》中，北京政府就已經做出了這樣的承諾。

與世界各地的許多示威活動不同，這次佔領活動彌漫著非凡的和平與和諧氣氛。夏愨村意外地從群眾抗議中出現，創造了一個本不應存在的環境，受阻的高速公路喪失了往常的功能。站在通往村莊的公路隧道口，感覺很不真實。夏愨村是傅柯所描述的異托邦的典範案例。

《時代》（*TIME*）雜誌對這個獨特的環境做了令人信服的客觀描述：「這裡沒有領導者，但從帳篷到回收桶，一切都運作完美。這是典型的政治無政府主義：一個自我運作的社區。」[1]在沒有特定領導人指示的情況下，個人（主要是年輕的專業人士、上班族和學生）自願抵達、搭起帳篷，並以有秩序、和平且互相尊重的方式共處。沒有必要進行金錢交換，人們可以自由取用或貢獻公共用品。現場洋溢著相互尊重的氣氛，每個人都被平等對待，並因共同的目標而團結一致：透過愛、和平與非暴力來追求真正的民主。這次聚會不是一次「派對」，而是一種抗爭。社區成員被鼓勵表達他們的意見，無論是透過書面或藝術表達。大多數人白天回到他們正常的工作崗位，下班後再回到夏愨村。頻繁的晚間聚會提供了分享新聞和聽取不同參與者發言的機會。雖然偶爾會

---

1 https://time.com/3523217/occupy-central-hong-kong-harcourt-road-admiralty-democracy-anarchism-anarchist-collective-china-protest/

發生激烈的爭論，但從來沒有演變成暴力事件。

這個村莊擁有各種資源，包括寬廣的學習區、無線網路、輔導站、小型圖書館、回收和宗教設施、安全巡邏、戶外講座點和急救站。在這個社區裡，法國的國家格言——「自由、平等、博愛」——所體現的原則不僅僅是理論上的，而是積極實踐的。因此，夏愨村不僅是一個異托邦，也是一個真正的烏托邦。

對許多人而言，這樣的烏托邦似乎難以想像。就我個人而言，我一生中從未遇見過這樣的經驗。然而，它就在我們眼前展開。這種烏托邦的體驗並不是虛構出來的；它顯然是超現實的，是從現實本身的結構中誕生的。值得注意的是，在夏愨村所在的康諾道周圍街道，日常生活仍在繼續。然而，從這個「超現實」烏托邦的角度來看，人們對日常「現實」世界的觀感卻發生了深刻的變化。

夏愨村的出現，是我們在面對政治不公和警察暴行時，對集體良知的有力回應。對於正義、民主和自由的烏托邦願望，在許多與這些理想產生共鳴的人心中，突然覺得是可以實現的。這個臨時村莊看似無中生有，卻轉變成實現這些願望的「借來的時間、借來的空間」。

然而，重要的是要承認，從一開始，佔領就籠罩著深刻的悲劇感。我們當中很少人對香港政府會聽取學生和示威者的訴求抱有任何幻想。大家普遍相信，北京會堅持其於2014年8月31日就2017年選舉程序作出的決定。我們面臨一場艱苦的戰鬥，似乎注

定失敗。但是，在這種暗淡的前景中，我們仍然鼓起勇氣來抵抗預定的命運，選擇對冷漠說「不」，對公民抗命說「是」。

在生活的各個層面上，夏慤村捕捉到古典希臘悲劇的精神，同時也綻放出豐富的浪漫劇情。在這個敘事中，美感與無可避免的損失並置，意味深長；它喚起了對藝術的雙重欣賞，以及對生命瞬息萬變的清醒認知。就像古希臘的偉大悲劇一樣，夏慤村的故事情節充滿了雄心和抱負，但卻陷入了沉重的結局——苦樂參半地提醒人們，所有的歡樂，無論多麼充滿活力，往往都隱藏在悲傷的陰影中。

夏慤村在被佔領期間成為希望與社區的明燈，由學生與民主派人士帶領，他們憧憬充滿希望與公民參與的未來。這個「借來的地方」，一個暫時轉變為抗爭象徵的區域，茁壯成長為民主的曇花一現的綠洲——一個名副其實的烏托邦，置身於香港的繁華都市之中。參與者的集體努力將夏慤村變成真誠對話、藝術表達和社區團結的聖地。抗議橫額的鮮豔色彩、慷慨激昂的演講聲音，以及食物攤檔的香味，交織成一曲和諧的交響樂，呼應著共同夢想的浪漫理想。這是人類精神嚮往更美好生活的生動詮釋，也是村莊短暫美麗所蘊涵的理想。

然而，就像所有的古典悲劇一樣，夏慤村的命運已經注定。2014年12月15日，也就是佔領的第七十九天，權威的野蠻力量熄滅了社區的活力之火。在高等法院禁制令的催化下，警方的清拆行動標誌著這個充滿希望的篇章之消亡。在集體願望的重壓下

茁壯成長的村莊，淪為僅存的回憶，其充滿活力的生命在一天之內熄滅。這個「借來的地方」重新歸於平凡，其本質從都市景觀中抹去。曾經熱鬧的討論與即興聚會消散了，只留下昔日的回聲，鮮明地提醒人們烏托邦的脆弱。

這種迅速的空間開墾，帶出關於人類存在本質的重要問題。夏愨村的最終解散，看似是一種損失，卻揭示了一個錯綜複雜的事實：烏托邦希望的存在，對於人類的敘事是不可或缺的。如果沒有夢想、野心和對美好未來的追求，我們的生活結構就有可能變得支離破碎、毫無意義。烏托邦稍縱即逝的特性，無論是在夏愨村或其他集體願望的行動中，都提醒我們，構成人類經驗的不僅僅是這些時刻的存在，還有驅使我們朝向這些時刻的希望與願望。

夢想、憧憬一個更公正的世界，成為人類的基本信念，這些願望推動個人採取行動、促進人與人之間的聯繫，並激勵社群為他們的集體未來擬定願景。儘管夏愨村現在可能只存在於記憶的角落，但它所體現的理念和價值觀繼續激勵著香港和其他地方的個人。烏托邦的誘惑仍然是我們人類共同經歷中一條永恆的主線，即使在它不存在的時候，這條主線仍然將我們與過去緊緊地聯繫在一起。與古典悲劇中英雄所面對的倫理困境類似，烏托邦願望的缺失挑戰我們反思自己的價值觀、意識形態，以及公民參與不斷演變的本質。

在佔領過後，對夏愨村的反思喚起我們在悲劇性的生存弧線

中，認清人類能動性的重要性。雖然權力運作系統可以鎮壓臨時避難所，但卻無法熄滅人類與生俱來的夢想能力。夏慤村的浪漫戲劇，在參與者的心中，在香港空氣中持續瀰漫的爭取民主和社會公義的鬥爭中，歷久不衰。在這方面，儘管佔領行動的實際表現可能會消失，但它們所代表的理想卻不必遭受同樣的命運。

回顧過去，夏慤村體現了我們人性中最壞和最好的特徵。它既提醒人們壓迫之後留下的黑暗空洞，也提醒人們社區團結和參與所產生的巨大潛力。烏托邦可能只是曇花一現，但對於我們的存在理解卻是不可或缺的。正是在這些對未來可能發生事情的縮影中，我們找到了創新、創造力和社會變革的動力。最終，夏慤村的精髓就像古典文學一樣，見證了人類對於意義、凝聚力和目的的永恆追求。

夏慤村瞬間之美，同時與悲劇和浪漫交織在一起，反映了一個基本的真理：邁向烏托邦的旅程，無論如何瞬間即逝，在塑造我們的身分和歷史軌跡方面都具有深遠的意義。這是一個令人感傷的提醒：儘管希望的實體表現可能會毀滅，但對更美好世界的嚮往卻永遠存在。因此，當個人面對現實生活時，正是這種持久的希望點燃了精神，激發了對進步的集體願望，提醒我們追求意義與生命本身同樣重要。

香港的公民反抗運動

在我的作品《異域》的後記中，我開始了對香港所面臨的困

境的反思性探索，特別是通過被稱為夏愨村的浪漫悲劇角度去反省。在這個本來充滿活力的香港中，自由逐漸被侵蝕，威權統治肆虐，這段敘事正是歷史的關鍵時刻。在以下段落中，我將討論反引渡運動的影響、曾經許諾的「一國兩制」的崩潰，以及香港人在2020年6月30日制定的《國家安全法》下所經歷的生存危機。

2019年爆發的反引渡運動，被認為是對政府越權和試圖箝制香港一直以來的自由的重要呼聲。由於引渡法的修訂建議（許多人擔心這會為大陸的壓迫性司法制度打開大門）激發了這場運動，並在不同人群中獲得了顯著的支持。來自不同背景的市民在街上團結一致，揮舞橫幅，高呼口號，主張民主和自治。然而，在這股社會熱潮之下，卻隱藏著更深層的不祥預感；這正是不久後將籠罩整個城市的動蕩現實的前兆。

反引渡運動不僅喚醒了香港居民的公民責任感，也揭示了共產政權野心的殘酷現實。一開始只是要求立法改革，很快就演變成更廣泛的爭取人權和維護香港生活方式的行動。抗議揭示了人民的韌性和決心，然而這種反抗也引起了當局的暴力反擊。

香港與內地關係的核心原則之一是「一國兩制」。「一國兩制」在中英協議提出，1997年回歸後實現。旨在維持香港的獨特身分，同時促進香港重新融入中國。然而，這項安排的現實證明是假象多於實質。圍繞反引渡運動所發生的事件令人痛苦地表明，所做的承諾正逐漸被取消。

大規模的抗議活動引起了國際關注，暴露了香港管治框架內

的明顯矛盾。中國政府越來越激進的策略反映了其鞏固對香港控制的無情欲望，導致市民之前享有的自由受到壓制。《國家安全法》的頒布是這種背叛的縮影，將市民推入一個充滿監視、壓制和恐懼的環境，從根本上改變了香港社會的結構。

2020年6月30日頒布的《國家安全法》（National Security Law，簡稱NSL）是香港歷史上的分水嶺。中國共產黨在看似瞬間的權力宣示中，有效地瓦解了長久以來支持香港自治的法律和社會基礎。法律充斥著模糊的用語，將「分裂國家」和「顛覆」這些模糊的活動定為刑事罪行，創造了一個異議不只是被阻止，而是被積極懲罰的白色恐怖環境。

這種威權主義的轉變在民眾中造成了廣泛的恐懼；個人發現自己處於危險的境地，表達反對政府的意見可能會導致嚴重的後果。《國家安全法》的寒蟬效應不僅讓積極分子和政治人物變得脆弱，也讓一般民眾變得不敢發聲。在這樣的政權下生活的現實呈現了一種生存的兩難困境：是說出不公正的聲音，還是為了自我保護而屈服於沉默。

沒有「免於恐懼的自由」已經成為香港爭取人權的核心主題。當市民渴求回復過去的自由時，他們卻又陷入兩難的境地。但白色恐怖的陰影籠罩下，這種渴求變成了煎熬。無處不在的恐懼氛圍造成了深刻的生存危機；個人在無助和痛苦的狀態下掙扎，選擇冒著人身安全的風險留下，或是離開。

對許多人而言，《國家安全法》的影響迫使他們重新評估身

為香港公民的意義。曾經與自由、民主和法治緊密相連的身分認同每況愈下，留下的是對失去的東西揮之不去的記憶。選擇反抗還是保持沉默，超越了純粹的政治參與；它包含了在日益壓迫的環境中為自我認同而進行的深刻鬥爭。

在反引渡運動和隨後實施的《國家安全法》之後，香港的面貌已經不可逆轉地改變了。夏愨村雖然是一個浪漫的悲劇，但也是香港人面對巨大逆境時堅毅不屈的有力證明。然而，前路充滿變數，因為爭取自由不僅是政治鬥爭，更是每個人的個人鬥爭。

當我們反思已發生的事件及其影響時，必須認識到繼續記錄和分享這些敘事的重要性。反抗極權主義的爆發，不僅為香港人、也為全球所有面對極權主義侵襲的人，樹立了希望的燈塔。抗爭可能是漫長而艱巨的，但反抗精神和對自由的追求仍然是永恆的追求，即使面對壓倒性的恐懼和壓迫，也不可能完全熄滅。

反抗運動的悲劇性

自雨傘運動以來，香港市民所進行英雄式的革命，可以與希臘悲劇的主題相提並論。希臘悲劇深入探討主人公所面對的道德困境和鬥爭，在不同的歷史背景下引起共鳴。其中，安蒂岡妮（Antigone）和她反抗克里昂（Creon）的故事，突顯了當個人的價值觀與社會或政府的期望相衝突時，往往要面對的危險抉擇。在香港，抗議者在雨傘運動和2019年抗議中的勇敢行動反映了這些永恆的主題，特別是個人信念和隨之而來的犧牲之間的張力。

　　希臘悲劇和香港抗爭運動的核心都是主角的道德困境。安蒂岡妮不顧克里昂的救令，毅然決定埋葬她的哥哥波律涅斯（Polynices），是家庭忠誠與公民責任之間深刻衝突的縮影。同樣地，香港市民也發現自己正努力面對是否要參與抗爭的艱難抉擇。

　　對許多年輕的香港人來說，參與這些抗爭活動的動力來自對正義和維護自身權利的根深柢固的信念。出席示威不僅是一種政治行為，更是他們作為香港市民身分的有力表達──香港擁有豐富的自由文化和法律自治歷史。然而，這種公民責任感帶來了巨大的風險，包括逮捕、暴力和家庭關係的潛在破裂。許多人發現他們在堅持信仰與確保個人安全或家庭和諧之間陷入了痛苦的抉擇，這與安蒂岡妮的悲劇性衝突不謀而合。

　　香港抗爭者所面對的困境與安蒂岡妮的困境有著深刻的共鳴，突顯了個人信念與公共義務之間的掙扎。選擇挑戰中共國共產政權強加的專制措施的個人敘述，揭示了激烈的內部衝突和社會壓力。隨著家庭因抗爭而分裂，年輕的運動人士經常遭遇父母的反對，他們或是擔心自己的安全，或是與親政府的情緒一致。這種社會反彈所造成的氛圍，讓人聯想到希臘悲劇英雄所面臨的道德窘境，一個人的選擇所造成的影響超越了個人，也讓他們所愛的人遭受深重的痛苦。

　　安蒂岡妮與香港抗爭者的一個顯著相似之處是他們所承受的社會期望的巨大壓力。安蒂岡妮為了履行她的道德義務而偏離了人們所接受的角色，她所承受的是巨大的負擔。與此同時，香港

的抗爭者也要面對社會的壓力，這些壓力強制執行對國家和家庭忠誠的僵化規範，往往在表達異議時造成重大的後果。香港的社會動態使個人不願公開發言或參與抗爭的情況更加複雜。那些選擇表態的人害怕被排斥，不僅害怕被社會排斥，也害怕被家人排斥。許多香港人表示，當他們的信念與家人的意願相衝突時，他們會感到內疚和羞愧。這種社會張力與安蒂岡妮所面對的家庭衝突不謀而合，安蒂岡妮決定尊敬她的哥哥，結果卻與自己的家人發生悲劇性的裂痕，因而突顯出面對國家的反抗所帶來的痛苦後果。

社交媒體在香港抗議中的角色為這一動態增添了複雜的層面。網路平台為抗議者提供了一個重要的空間來表達他們的信念和動員支持；然而，它們也使個人受到更高的公眾監督和譴責。個人行動的能見度建立了一個不穩定的環境，異議可能會導致重大的聲譽損害。從這個意義上說，數位時代提供了一個當代的平行場景，讓悲劇人物在道德危機中，如何處理公眾觀感與家庭關係。此外，希臘的悲劇英雄和香港的抗爭者在道德困境中都有一個令人感同身受的層次——深刻的損失感，包括有形的和無形的。對安蒂岡妮而言，損失是內在的，她在哀悼哥哥的同時，也要面對因自己的選擇而即將失去的生命。相比之下，香港抗爭中的損失則有不同的表現：它是一種獨特身分的逐漸侵蝕，而這種獨特身分長期以來是由曾經享有的自由和文化習俗所定義的，而這運動令抗爭者自己和香港社會喪失了之前的身分意識。

　　雨傘運動和2019年的抗爭超越了純粹的政治運動；它們體現了一種爭取身分認同的文化鬥爭。隨著市民起而挑戰政府日益強加的專制措施，他們開始慨嘆失去了他們曾經熟悉的香港——一個自豪地維護民主價值、多元文化遺產和充滿活力的自由公民社會的地方。抗爭者意識到他們珍視的價值觀、生活方式和願望正面臨前所未有的威脅，因而對被奪走的身分深表哀悼。這個哀悼的過程與希臘英雄所經歷的悲劇相似，他們經常面對嚴峻的現實，為永遠無法奪回的未來感到悲傷。在香港的抗爭活動中，身分的喪失因世代的創傷而更形複雜；許多活躍人士對於他們城市的發展軌跡深表挫折，對於個人與集體對更民主未來的夢想感到悲嘆。在這兩個敘事中，這種失落的經驗超越了純粹的背景；它成為抗爭活動背後的動力，並激發了參與者的決心。

　　悲劇中自我發現的主題，是希臘悲劇與香港人在抗議中抗爭的另一個重要平行點。在《安蒂岡妮》中，她的身分與她的家庭責任和道德信念緊密相連。她堅定不移地埋葬哥哥，象徵著一種在極端後果面前受到考驗的深刻自我意識。透過她的悲劇敘述，她成為了一個由她的原則所界定的複雜人物，最終導致了她的死亡。對香港人來說，對自我的追求與對身分和自由的集體鬥爭糾纏在一起。隨著抗爭活動的發展，許多人意識到他們不僅是在爭取政治權利，也在尋求了解自己在這個日益疏離的社會中的位置。文化習俗和傳統生活方式的侵蝕使這些挑戰更加複雜；激進主義成為他們在身分認同形成過程中重新獲得代理權的有力工具。

此外，在運動中誕生的藝術表現形式，無論是塗鴉、音樂或文學，都進一步強調了在悲劇中自我奮鬥的精神。這些表達形式成為抗爭者表達其經驗、信念和情感掙扎的畫布，不僅反映出他們對運動的承諾，也反映出他們在快速變化的環境中堅持自我身分的渴望。創作與分享藝術的行為提供了一種宣洩的方式，並促進了個人之間的聯繫，進一步豐富了他們在艱難逆境中尋找自我的過程。

香港抗爭者所面對的道德困境與希臘悲劇的主題深有共鳴，尤其是當他們在公民責任、家庭義務和社會期望的波濤洶湧中遨遊時。他們選擇的後果導致深刻的掙扎，這與安蒂岡妮等悲劇英雄的經歷相呼應。最重要的主題是失去——失去身分、價值觀和未來願望的喪失——貫穿了這兩個敘事，提供了一個令人痛心的鏡頭，藉以理解當代抗爭的複雜性。

安蒂岡妮作為悲劇女主角與香港人追求自由的比較，包含了一個共同的敘事：面對壓迫時的反抗與尊嚴。這兩個故事都以各自的社會為背景，反映了人類為了正義和道德操守而進行的永恆鬥爭。安蒂岡妮的反抗導致了她悲慘的結局，但她反抗的遺產卻持續激勵著當代的運動，說明追求自主的力量既強大又危險。香港持續不斷的抗爭，證明了個人和社群在奮力應付複雜的道德抉擇，以及渴求擺脫壓迫的自由時，所表現出的不屈不撓的精神。

雨傘革命時期的夏愨村，是希望與集體願望的強烈象徵。作為一個臨時烏托邦和希臘悲劇，它展示了社群為追求共同目標

——民主和自治——而走到一起的潛力。雖然夏愨村最終被拆除，但它所代表的理想仍在當地活動人士中引起共鳴，證明草根運動在爭取更美好未來的奮鬥中具有持久的力量。透過夏愨村，香港人表達了他們對一個以包容、對話和公義為特點的社會的願景，在香港的歷史和對自決的持續追求中留下了不可磨滅的印記。

然而，自2020年實施《國家安全法》開始，到2024年制定《基本法》第二十三條，香港作為一個充滿活力的自由城市的地位日漸衰落。從那時起，香港基本上就不存在了；它現在只是內地沿海的一個城市—— Xianggang ——成千上萬的香港人被迫逃亡。儘管如此，夏愨村的精神依然存在。

（＊此文原是英文論文「The Tragedy of Harcourt Village」，於2024年9月26日在日本東京大學「雨傘運動十週年紀念會議」宣讀。）

[9] 論希望：「烏托邦及其不滿」的最後一課

　　這篇長文是根據我2024年在台灣清華大學的課程「烏托邦及其不滿」最後一課編寫而成。這課程廣泛涉足古希臘神話、基督宗教、西方思想家如柏拉圖及湯瑪斯‧摩爾等，以及及傳統中國文化中探討完美世界、理想社會、烏托邦，以至近世反烏托邦思想。人類追求烏托邦，歸根究柢，實因我們不滿現實，意欲改善世界，而這種「欲」的根源，就是希望。希望正是這篇文章的主旨。

因絕望而自殺？

　　1963年6月11日，越南釋廣德法師在西貢的十字路口用汽油引火自焚。釋廣德自焚的動機是為了抗議南越政府領袖吳廷琰迫害佛教徒的政策。他自焚的照片震驚了世界。

　　為何廣德大師要自焚？為何有人甘願犧牲自己？觀察他的行為，很明顯，他並非為了表演以謀取名利或權位，而是希望對抗迫害佛教的南越吳廷琰政府。釋廣德大師曾表示，希望自己在閉上眼睛、往彼岸見佛祖之前，能看到南越政府的改變，不再逼害佛教徒。他自焚並非對生命的不重視，而是希望用自己的生命換

（圖片出處維基百科 https://commons.wikimedia.org/wiki/File:Self-immolation_of_Thich_Quang_Duc.jpg）

來對更多生命的保護與延續，讓全世界知道南越政府的暴行，並制止其持續的迫害。他不願以暴易暴，而是將暴力施加在自己身上，以此結束暴力，不論是對於迫害者還是反抗者。

他是否因為絕望而選擇自焚？我認為自焚並非出於絕望，而是因為他心中懷有希望，方能如此勇敢果斷，無懼身體所承受的劇痛。多年前，我曾寫過一本書《悟死共生》，其中提到自殺乃是絕望中的希望。我們通常認為絕望與希望如同水火、互不相容的，然而事實並非如此。儘管並非每位自殺者的原因都如釋廣德大師般高尚，其中一些甚至顯得微不足道，如為情自殺、為金錢自殺、或因讀書失敗而自殺，但無論原因如何，他們的邏輯大致一致，都是因為無法承受及超越生命的痛苦，覺得自己多餘，不應苟活於世，因此選擇自殺，並希望能藉此超越生命歷史的悲

哀。換句話說，他們認為自殺是解決問題的答案。但如果自殺者都知道「必須」以自殺解決的問題，其實下一刻即可迎刃而解，相信沒有人會選擇自殺。因此，自殺是一種逃避。儘管自殺確實是逃避，它仍然是一個答案，而這個答案中蘊含著希望，希望通過一死以超脫一切苦難。

自殺是一種介於生與死之間的存在。一般來說，自殺的定義是自己殺死自己，但更精確地說，應該是自己被另一個自己所殺。「自己」被「另一自己」所殺，也就是「另一自己」殺「自己」，「另一自己」是主體（subject），而「自己」則是客體（object）。正因為存在這個「另一自己」，「自己」才能在不借助他者的情況下被殺。「另一自己」同時是「反省我」，而「自己」則是「被反省我」。就內容而言，前者多於後者，且可消滅後者，因為前者具備反省的能力。我對自身的外貌及其他條件不滿意，介懷過去，心存遺憾，進而憎惡自己，欲消滅之。這個會感到不滿意、介懷、遺憾、憎惡並欲消滅者，就是「反省我」，即「另一自己」；而由各種被評價的條件所組成的，則是「被反省我」，也就是「自己」。當「另一自己」進行反省後，決定消滅「自己」，這種消滅便是否定，自我否定。因此，自殺是自我否定。問題在於，在這種否定之中，同時蘊含著肯定：肯定自己有能力解決自己的問題。但當自己解決自己時，卻同時否定了自身解決問題的超越能力。因此，自殺行為在自我內部形成了一種悖論（Paradox）。

由於「反省我」負責反省並否定「被反省我」，所以，所謂

殺死「自己」的「另一自己」，就是「殺自己的我」，而被殺死的
自己，則是「被殺的我」。如上述所言，就內容而言，「反省我」（另
一自己）相較於「被反省我」（自己）更為多元，因此，「殺自己
的我」（反省我）相對於「被殺的我」（被反省我）也更具超越性。
這種超越性就是前述所提的超越生命歷史的悲哀，也就是通過一
死以超脫一切苦難的希望。然而，如前所述，當自己解決自己時，
其實同時否定了自身解決問題的超越能力，換句話說，超越性被
取消。最終，這種自我矛盾導致了希望的幻滅，問題未能解決，
成為空談。這便是絕望的希望，這一命題形成了悖論，實在相當
弔詭。[1]

　　生命就是歷史的事實，它具有時間性。如果將希望放在生命
的脈絡中觀察，則希望永遠在前。希望本身即屬於未來，而「將」
「來」正是「尚未」「來」的意思，既然「尚未」，則仍充滿著可能
性與變數，希望正存在其中。我們渴望自己變得更好，期待在絕
境中逢生，問題獲得解決，這些都是可能性與變數所賦予我們的
想像空間。若無可能與變數，一切已然確定，則不會有希望。然
而，希望是建立在過去之上的，我希望未來變得更好，因為我覺
得自己過去不夠好，所以，未來是過去的投射，希望正是這種投
射的行為。相對而言，希望未來如何，意味著我們對過去的肯定

1　參照張燦輝著，《悟死共生》，〈自殺現象的哲學反省：死與生的弔詭〉，香港：
　　中華書局，2019，頁245-258。

或否定，否則我們不會希望未來如何。因此，當未來建基於過去時，過去也同時受未來的決定。

因此，自殺以結束生命，既然生命已結束，則未來也隨之消亡，過去則凝結為永恆的事實。

絕望或希望？

中文的願望、希望、盼望、欲望、失望、絕望，與英文的desire、despair、hope、looking forward、expectation、hopelessness等詞彙不同，前者所有的詞彙都有一個共同的基礎，即均含有「望」。何謂「望」？觀察甲骨文，「望」字形似人站於土崗上遙望。《說文解字》云：「出亡在外，望其還也。」《正字通》亦云：「凡相望者，皆曰望，從壬，言人之跂而望也。」跂，即腳跟不碰地，粵語所謂的跂高腳（踮腳）。因此，跂而望描述的是人心情的焦急，迫切期盼某人或某事的到來或歸來。由此可知，「望」的本意，以及為何希望或其他與「望」有關的詞彙，在時間的脈絡中觀察時似乎都與未來有關。

希臘神話中的泰坦神普羅米修斯（Promētheús）是人類的始祖。眾神居住於奧林匹斯山上，盡情享受，而山下的人類卻如野獸般生活。唯有普羅米修斯憐憫人類，將火從天上帶到人間，讓人類免於茹毛飲血和寒冷的侵襲。正因為有了火，人類文明才得以開始。然而，這位帶來幸福的普羅米修斯卻觸怒了宙斯，因此受到重罰，被囚禁於高加索山上，日夜遭受鷹啄食肝臟之苦。同時，

人類也遭受了懲罰。宙斯「賜予」人類第一位女性，即第一美女潘朵拉（Pandora）。潘朵拉嫁給了普羅米修斯的弟弟艾匹米修斯（Epimetheus）。不同於其兄，Promētheús 在希臘文中意指「先見之明」，而 Epimetheus 則意指「後見之明」，因此後者以愚笨著稱。普羅米修斯曾警告艾匹米修斯，切勿接受神明所賜的任何禮物，但艾匹米修斯不聽兄長的話，接受了第一份贈禮——潘朵拉。

　　潘朵拉在下嫁時帶來了一個盒子，這正是有名的「潘朵拉的盒子」。艾匹米修斯因好奇盒中所裝之物，便不顧宙斯的警告，直接打開了盒子，結果盒中所有邪惡與災難——痛苦、悲哀、疾病、虛偽、嫉妒、貪婪、殘忍、暴力等，全部被釋放出來。由於這場巨變，開盒者驚慌失措，立刻關上了盒子，卻因此將「希望」鎖在了盒中。潘朵拉的盒子被打開之前，人間並不存在痛苦，人類也不會死亡，那是一個被稱為黃金時代的時期，但自此之後，人類的境遇愈加惡劣。（參照赫西俄德〔Hosiod〕著，《工作與時日》〔公元前700年〕，52-105行）

　　希望被留在盒中，意味著人類仍然保留著希望，但這希望是否必然是正面的呢？尼采在《人性，太人性的》（Human, All Too Human）一書中質疑：人類以為自己擁有希望是最大的幸運，殊不知希望才是最大的災難。擁有希望的人不會輕言自殺，而不輕生的結果就是繼續在世上受苦，這正是宙斯的本意，他希望人類自行延續受苦的時間。雖然尼采視希望為不正面，但他指出希望並非毫無意義，只是希望不應過度，否則將容易變成傲慢，因為希望

意味著挑戰原有的秩序，一旦希望過度，便會演變成全盤否定原有的秩序，從而導致對傳統、歷史、記憶的蔑視。

魯迅曾撰寫一篇文章，名為〈希望〉。文中引用了匈牙利愛國詩人柏多菲・仙度（Petofi Sandor）的〈希望之歌〉，指出希望是娼妓，誘惑人們奉獻自己的一切；當你為它耗盡心血和時間後，它便無情地拋棄你，最終你卻一無所獲。基於此，他得出結論：絕望的虛妄與希望無異。這句話廣為流傳，幾乎無人不識。何謂虛妄？虛妄就是無內容。無論是絕望還是希望，皆是針對未來的，其對象是可能性和變數，因此它們可能永遠不會實現，最終歸於虛妄。

希望有時會成真，有時卻會落空，因此我們需要分清，什麼是真正的希望，什麼是妄想。康德提出了四個問題：我能知道什麼（What can I know）、我應該做什麼（What ought I to do）、我可以有什麼希望（What may I hope）、何謂人（What is a human being）。

康德一生都在反思人類的理性能力，結論是人類的理性能力極為有限。在這種有限性下，人類的知識永遠不可能全面，因此我們只能憑藉有限的能力來理解世界，自然也不可能完全把握上帝。然而，自基督宗教以來，道德與上帝一直被視為密不可分，人類的道德皆源於上帝。既然理性有限，無法把握上帝，那麼在道德問題上，就無需強求與上帝的連結。康德認為道德應內化於人類自身的行為，主張人應自主行善，而非因為上帝的存在而行善。當我們能自主行善時，就會受到上帝的眷顧，進而獲得幸福。

因此，道德與幸福是相一致的。但道德與幸福的統一並非理性所能及，而僅僅是希望，因為它涉及到上帝。以上所述，皆出自康德於1795年發表的《論永久和平》（ *Perpetual Peace: A Philosophical Sketch* ）中的主張，他認為若希望人類世界能實現永久和平，則必須共同達到道德與幸福的統一境界。

康德所說的「我可以有何希望」中的「可」並非「應」。這裡的「可」代表可能性，意味著不一定會實現，或尚未實現，但並非不可能實現。因此希望必須建立在合理的基礎之上。這一結論可用來回顧本課程所探討的主題——烏托邦。當我們對當前世界的狀況不滿，感到生命中存在種種不善而希望去改變時，這便是希望。由於希望源於可能性與變數，因此往往容易超越標準，形成追求理想與完美的傾向，而這一傾向也導致了烏托邦思想的出現。因此，無希望則無烏托邦。撇開烏托邦不談，回到希望的問題上。正如前文所述，希望必須建基於合理之上，因此希望絕非無關於理性與謹慎，任由想像力無限延伸。正如但丁在其巨著《神曲》〈地獄篇〉（Inferno）第三章中所云：

> 由我這裡，直通悲慘之城。
> 由我這裡，直通無盡之苦。
> 由我這裡，直通墮落眾生。
> 聖裁於高天激發造我的君主；
> 造我的大能是神的力量，

是無上的智慧與眾愛所自出。

我永遠不朽；

在我之前，萬象未形，只有永恆的事物存在。

來者呀，快把一切希望揚棄。

　　由但丁的詩句可見，地獄是無法容納希望的。然而，天堂又是何種光景？根據宗教的慣常說法，天堂自然是永恆快樂與和平之地。但如果地獄不可能有希望，那麼天堂則似乎也不需要希望。為何如此？因為上帝在上，天堂是完美的，所有的快樂、幸福與和平都集中於此，居於其間者，夫復何求？既然無所求，自然也不需要希望，因為希望本質上是有求而未得，有欲而未就。因此，只有人間才有希望。人世永不可能完美，即使完美，人心也永遠不會滿足，總是渴望更多，因此希望交織在人間，唯有在人間才需要有希望。

　　人間與地獄或天堂的不同之處在於，前者並非一成不變，正因為這一特性，如上所述，唯有可能性與變數，希望才能存在。因此，永罰的地獄或永樂的天堂，由於不可能有任何改變，所以不容納希望。在絕對中，只有妄想、幻想、夢想、渴望、願望，而沒有希望。所謂的可能性，所謂的變數，就是當下進行式，仍在活動；而無論人在地獄還是天堂，其生命皆已停頓，唯有人間不然，因此希望僅屬於人間，並且只有人間需要並能容納希望。

　　當我們從天堂、地獄和人間三者反思希望的問題時，不得

不問，若如基督宗教所述，「信」確保信仰者獲得救贖，那麼與可能性和變數相連的希望，是否同時反映出信仰的脆弱？如果希望關乎不確定，那麼作為信仰的確定又與希望有何關聯？可以預見，兩者之間將形成不可解的矛盾。如果信神就能獲得救贖，我何需希望？如果我心懷希望，則意味著我不信自己會得到上帝的救贖，因為這代表我認為該救贖依然存在變數。

然而，正如我一貫強調，烏托邦是建立在希望之上的，希望是對現狀的不滿，期待未來有所改變，則天國作為某種烏托邦，既建基於希望，又要求信徒堅信，這樣的內在邏輯是否自相矛盾？或者天堂與地獄並不如我們所認為的那樣絕對，它們仍然容許一絲希望的存在？人間是否如同天堂和地獄，實際上並不如我們所理解的那樣充滿希望？倘若人間也如同天堂和地獄般絕望，那麼我們堅持希望是否會變成一種自我強迫的習慣？若是如此，我們應如同猶太人相信上帝許諾的應許之地般，一代接一代地在絕望中堅持希望兩千年，以期待重返故地，抑或應如斯多噶主義者般，高尚地選擇放棄？甚至選擇第三條路，折衷兩者，以較小而較近的希望來取代較大而較遠的希望，合理界定希望？這第三條路，豈不與康德所言吻合，最終希望仍必須建立在合理之上，不能脫離理性，並似乎與道德相連？

希望並非單純地預期更好的未來，而是一種激勵我們努力實現目標的工具。正如前文所述，它也是由過去延伸到未來的轉捩。過去我曾多次提到，有朋友說，白色恐怖並非歷史，其影響

力至今仍在台灣社會中隱伏。類似地，六四天安門事件亦非歷史，它讓我們永遠記住中共政權的殘酷，並期待將來中國國內會有變數。希望將過去帶入現在與未來。由於希望是對過去的反思、不滿現在、期待未來，因此希望與宿命論是水火不容的。如果天堂與地獄仍有一絲可能性，允許希望的存在，那麼在宿命論中，便絕不可能有希望，因為一切皆已註定，而希望正是無法接受一切皆已註定的表現。

希望，亦是人類最重要之存在條件。人生沒希望則沒意義，大家每日過活，讀書、工作、追求某事某物，皆為改變現狀，獲得更好的將來，此即是希望。若無希望，大家還有動力繼續向前行嗎？1983年，美國有部電影《浩劫後》（*The Day after*），當中有段內容述及懷孕生子。一般認為，孩子誕生乃希望象徵，但該電影是以核子大戰後為背景，倖存者艱困度日，人類根本沒有將來，試問，連孩子本身可能也沒有明日，他們出生又能如何帶來希望？生命與希望密不可分，若整個世界皆無希望，則個人亦不可能有希望，此譬如覆巢之下無完卵，故生於若斯世道下的孩子，其出生又如何能有希望？若無希望，又何來意義？

布洛赫談烏托邦

恩斯特・布洛赫（Ernst Bloch，1885-1977），20世紀馬克思主義人文詮釋者代表人物，猶太人。其思想固然是以馬克思主義為基礎，希望藉此解決人類問題，但他並非單純共產主義者。二戰後，

他流亡東德，長住該地，於萊比錫大學（Universität Leipzig）擔任哲學教授；直到 1961 年始返西德，復為圖賓根大學（Eberhard Karls Universität Tübingen）名譽教授。

我曾向大家說過，如今共產主義似乎已徹底失敗，談論及相信共產主義者日少，甚至仍然以共產主義為官方意識形態的中共國，亦完全不是共產主義，而是極權式資本主義；儘管如此，馬克思主義背後的理想卻仍相當重要。我之前在課堂上與大家探討馬克思主義時曾說，資產階級出現造成種種問題，諸如壓逼、剝削、異化（alienation）。在此情形下，無產階級無法盡其天性，更不能掌握自身命運。由此觀之，馬克思主義可謂人本主義，他極為重視人類尊嚴，在其思想中，人類最重要。可惜，自馬克思主義變成列寧主義起，中間歷經史達林主義、毛澤東思想、鄧小平理論，乃至於如今習近平思想，以人為本此關鍵已然喪失，所有人的生命及人生，均由國家實施極權統治以牢牢宰制。

針對馬克思主義脫離馬克思原意的現象，布洛赫主張應將馬克思主義拉回正軌，重振其以人為本之關鍵部分。但他絕非一天真而簡單的馬克思主義者。首先，他深知二戰結束後資本主義進一步擴張，加上自由主義盛行，世俗化益甚，以及諸大家對馬克思主義本身蘊含極權主義種子的種種批判，如卡爾‧波普，烏托邦思想已逐漸煙消雲散，大家都不再相信人類有能力建立烏托邦，所以都不再討論相關主題，認為毫無意義，白費心機。甚至於早在 20 世紀初，已然出現反烏托邦思想，此派不僅認為烏托

邦毫無意義，且大力批判烏托邦為人類帶來更大災難。然而，相當弔詭之處在於，人類一方面努力忘記烏托邦，另一方面仍孜孜建立烏托邦。試問，如今大家都在努力追求自由、民主、和平、公義、公益、開放、多元的社會，此社會不正是烏托邦嗎？如果我們認為，社會應該具備上述條件，這個「應該」，不正是理想及烏托邦嗎？試問，反烏托邦者，他們可有想過，有何方案可代替烏托邦？

與放棄烏托邦思想或反烏托邦者不同，布洛赫仍堅持烏托邦，但他既非天真而簡單的馬克思主義者，正如上述，亦是位與大多數烏托邦支持者不同之烏托邦思想家。儘管兩千年來，烏托邦似乎不可能實現，但他從以人為本的角度出發，重新探討，認為烏托邦並不會被取代，因為無論人類遭受多少苦難與恐怖，仍不會失去希望，希望內在於所有人，只要我們不滿現狀，希望將來有所改變，它就會成為一股力量，推動我們朝理想前進，而希望正是烏托邦的根本。換言之，烏托邦思想正如同康德式道德，亦內在於人類，不可能消失，雖然它如今似乎一時沉寂。以此為基礎，踏入 21 世紀，我們應重新理解希望。

仍未實現的希望

以上主張，皆於其成名作《希望原理》(_The Principle of Hope_, 1954-1959)一書可見。此巨著一共三大冊，當中引言首先提出幾個問題，包括：我們是誰？來自何方？將去何處？在等什麼？什麼在等我

們？以上問題，基本上都是哲學問題。但凡有思想又懂得反省的人類，都不免於求索這些答案。相信不少人都有過這類疑問：為何我們會出現在世上？為何是現在而非過去出現？為何出現於台灣而非香港？這些問題皆指向一項事實：我們永遠處於未完全實現的狀態。正因如此，故希望內在於我們。從以上所述可見，雖然布洛赫自己未嘗言明，或許他亦不自覺，其實他受海德格影響甚大。海德格嘗言，人類永不可能完全實現自身整體性。只要我們一日未死，一日都不可能完全把握並實現自身可能性。故布洛赫使用「仍未」（not yet）來形容這種狀態。人類此存在，本身就是可能性。可能性並不難理解，譬如，待會兒我可能要去吃飯，或去睡覺，或去看書，將來實有無限可能性（當然，無限可能性不代表凡事皆可為）。正如我幾年前未曾想過，今日會站在台灣國立清華大學授課，而且不斷寫書，抨擊時局；亦未曾想過，自己被逼離鄉背井，流亡海外（這一切固然要拜中共所賜）。故此，將來可能性無限（雖然它們也許不會實現），你永遠不會想到下一秒將發生何事。儘管我年紀已大，但只要一息尚存，我仍具有可能性。由此觀之，人類永遠有希望。

可是，正如上述，希望必須建基於合理；且不只是合理，要令希望不淪為妄想，就要行動，希望唯有透過行動才能免於妄想。而行動，根據「必須建基於合理」原則，它必須成為我們日常生活的一部分，並與我們所處時代緊扣。換言之，你呼吸飲水都要以這個行動為主軸，圍繞其行事。只有如此徹底，行動才能

卓有成效。但要使行動成為日常生活的一部分，其實知易行難，因此我們首先要學習希望。例如，學習如何主動而非被動過活、如何思考、如何自在。當你懂得主動生活，而非事事受人擺布，則你已脫離待救者心態，不再妄想救世主出現，因而不再被妄想困擾，認清真相，接受現實，然後才會試圖改變現實。

改變現實，即上文所云超越，超越自己。正如海德格言，人類身為「此在」（Dasein），永遠是可能性及超越性存在。因此，我們存在，永不是只有當下，而是可能與超越。可能和超越合而為將來性，故人類又永遠是將來性存在。超越性並非高不可攀，它與基督宗教教義所宣稱相關於上帝之超越性有異，而不過是建基於歷史的時間性。人類所以不同於其他生物，時間性即為其中一個理由。

何謂時間？西方哲學中，回答此問題而最有建樹者，莫過亞里斯多德、奧古斯丁、康德三人。奧古斯丁嘗言，過去已然消失，將來尚未出現，現在即將消失，故「現在毫無長度」。雖然此說法不免於「令時間脫離體驗或物理向度而純以一抽象概念理解」之譏，但亦帶出一事實，即「現在」（時間）並非「何物」，亦非「東西」，不可能把握。現實生活中，常聽人言道，把握時間與把握當下，當下一現即逝，如何把握？時間若非一現即逝，就是已然消失、即將消失、尚未出現，如何把握？然則，何謂時間？除亞里斯多德、奧古斯丁、康德外，探討時間問題最深刻者，莫過於海德格。他說，人類此存在，就是時間，「此在即時間」（Dasein is time）。為何此在即時間？為何人類這種存在等於時間？因為，正如上述，所有生物中，唯有我們具時間性，懂得將過去、現在、將來連結。他又說，不是「我有時間」（I have time），我們並不擁有時間，因為我們就是時間本身。人類是透過時間存在，以實現自己；相反，亦是透過自身存在，方能明白時間如何出現。有否發覺，我們有時候會覺得時間過得很慢，有時又會覺得時間太快，不夠用；或一齊度過相同時段，如上課三小時，有人覺得慢，有人覺得快。正因我們都是透過自身存在以理解時間，故時間與生命意義密不可分，兩者你中有我，我中有你。

正如上述，海德格理論與布洛赫所主張者相通，因為布洛赫認為，人類此存在永遠是「仍未」（not yet），猶海德格所謂可能性、超越性、將來性、時間性等。生命永遠未完成，需要等待，需要實現。實現過程，就是改變過去以通往將來的過程，亦即超越自己之過程，而如此試圖改變與超越，希望即存乎其中。

正由於希望乃如此真實存在於我們生命中，故布洛赫認為，烏托邦絕非虛妄而不可實現，只是由於前人誤入歧途，遂令烏托邦變成災難。然則，如今我們的任務，就是要匡正前弊，重新反省希望及烏托邦，如何從更貼近現實的基礎上希望，以及建立烏托邦。他又說，重新反省希望及烏托邦，問題不只於要擺脫希望及烏托邦中所含藏的虛妄性質，亦要克服恐懼。將來既是充滿可能與變數，則它必然不只正面，亦有負面，而對於負面未來為我們所帶來的恐懼，便需要克服。克服恐懼乃擺脫虛妄的前提，

因為人類若非由於恐懼，就不會逃避現實，寧願輕信各種不合常理、有違理性、脫離現實的希望與烏托邦宣說，進而造成種種災難。因此，重新反省希望及烏托邦，第一步即在於克服恐懼。不過，克服恐懼、擺脫虛妄、懷有希望，三者並非單純因果關係，而是互為因果。換言之，克服恐懼是為使我們擺脫虛妄，並能懷有正確希望；同時，懷有希望亦有助於我們克服恐懼，進而擺脫虛妄。「主觀認識到具體希望最有力打破恐懼，客觀上最有效引導徹底消除恐懼內容。」

就希望及烏托邦方面而言，布洛赫有一突破想法，且他自己亦意識到，並在書中明言。他認為，過去諸哲學家皆視世界已然完成，因而處於封閉狀態。儘管時間不斷向前，但每日紛至沓來的事件，只是歷史不斷重複，知識不過回憶，慶祝化作紀念，一切均屬反覆再現。無論柏拉圖、笛卡兒、萊布尼茲，還是康德，甚至黑格爾，都未能免於這種想法。但布洛赫卻提出，希望及烏托邦就是未知、可能、全新、開放、未完成、從未發生，必須以這些性質為基礎，才可能談希望及烏托邦。這也是何以我會說，布洛赫受海德格思想影響甚深之故。

將哲學導入希望

布洛赫另一個突破性想法，就在於嘗試將哲學導入希望。他借用拉丁文概念「Docta spes」，意謂知識的希望，作為其思考希望及烏托邦之基礎。他指出，希望也需要一套詮釋學，以類似於

康德的批判方式，有系統思考相關問題，從而使希望能真正「建基於合理之上」。過去無論柏拉圖、湯瑪斯‧摩爾、基督宗教，似乎都未嘗在知識層面理解希望。但既然要建立烏托邦，且使烏托邦非但不再形成禍害，更造福世人，則需要如此方法，重新全盤探索希望問題。

綜觀上述兩個布洛赫的突破想法，貫穿於烏托邦、希望、人類三者，乃尚未實現的可能性這種傾向。換言之，此項人類意識的基本特徵，通過「希望」這投射動作，而成為烏托邦的基礎。以知識層面理解希望及烏托邦，正是研究該傾向的功能與內容。

既然我們要以知識層面理解希望及烏托邦，將哲學導入希望，則我們首先需要知道，哲學與希望的關係為何。正如上述，過去諸哲學家均認為「世界為一已完成的封閉實體」，故他們始終以被動沉思、而非主動行動的態度來理解希望，導致理解無法突破既有框架。他指出，哲學這個概念本身，已然揭示諸哲學家的思想方向有誤。眾所周知，哲學「philosophy」希臘文是「Φιλοσοφία」，「φίλος」（philo）是「愛」（love），「σοφία」（sophia）是「智慧」（wisdom），故「哲學」原意為「愛智慧」。觀此原意，則可知哲學絕不是智慧，而是追求智慧。正如我一貫所說，「愛」是種欲望，之所以有欲望，實由於尚未得到或達成。因此，愛智慧便是尚未得到智慧，把握智慧，故追求。基於此前提，則哲學不可能是將「視世界為已完成的封閉實體」當作思考基礎，此即諸哲學家思考方向有誤的緣由。

　　根據古希臘神話所云，人與神間最大分別，就在於後者不朽而前者並非不朽。但柏拉圖卻將此說法扭轉，他說人有一部分可以不朽，就是靈魂，此即靈魂不朽論（immortality of the soul）。何以人類靈魂不朽？因靈魂具備自我昇華的能力，可憑藉理性，提高到理念層面，而追求如此境界的欲望，就是理性推動力所在。理性使人類一步步昇華，最終擺脫肉體束縛，化為完全精神之存在。凡此種種，皆由於欲望。

　　所謂欲望，即柏拉圖於《饗宴》（Symposium）所提到愛洛斯（Eros）這位愛欲之神。此處「愛」「欲」皆非日常理解關於性事者，而是上述「追求某樣尚未得到或達成的事物」，亦即希望，「愛」「欲」就是希望。撇除其靈魂不朽的思想不論，若將「一步步昇華」及「愛欲」思想置於希望此一主題中，則可知愛洛斯於柏拉圖哲學中，代表「人類內部尚未完整」和「我們需要不斷追求」之事實，而這兩個事實，正是希望的意義。

　　柏拉圖藉愛洛斯來談希望，既有個人層面，亦有群體層面，所謂群體，就是城邦。人能夠透過追求理性以達到不朽，城邦也可以，因為城邦乃由人組成，只要城邦成員不朽，城邦自然隨之而不朽。他在《理想國》有言，最理想的城邦就是實現公義（justice）。當然，此最理想城邦尚未出現，亦可能永遠不會在地上出現，而只在天上出現，亦即所謂理念世界。可能永不出現，不代表它不可出現，故柏拉圖此構思，已隱含希望，希望有一統治者，完全把握真理，而建立最理想城邦，這個城邦必定是和平與

幸福的最終歸宿。由此觀之，柏拉圖理想國作為古代烏托邦，基本上建立在愛洛斯與希望之上。

然而，若細思則會發覺，倘若柏拉圖的理想國果真實現，一切美善盡皆歸集於此，則它最終仍會變成靜態存在，一個已完成的封閉實體。儘管每個烏托邦始終未曾實現，但起碼它們在想像中都已是完成的封閉實體。事實上，烏托邦問題最重要的並不在於是否實現，而恰恰是它實現後，將會出現更多問題。正如《一九八四》所描述的大洋國般，它正是個已成真之烏托邦，而其中所存在的問題卻大得令人窒息，足以壓垮所有人。若讀過此書，你會發覺當中所描述的世界觀是何等絕望：世界分成三國，大洋國、歐亞國、東亞國，雖然三國各有其官方意識形態，英國社會主義、新布爾什維克主義、死亡崇拜，但都只是換湯不換藥，三國實際上皆施行極權統治，因此，無論居住在哪一國都無甚分別。如此絕望的世界觀，體現出封閉實體的傾向，且顯而易見，連反烏托邦者亦不能免於是（或正因為他們發現如此傾向，故刻意模仿）。這種封閉實體的傾向，與將來之開放性截然相悖，此即何以布洛赫認為，希望及烏托邦發展被過去的哲學家以被動沉思打斷。

我認為，布洛赫對諸哲學家的批判並不太難理解。簡言之，雖然他們免於憑空捏造將來之譏，但亦不免過度仰賴甚至沉溺於過去、歷史、傳統，從而導致在其理論中，「將來」失去開放性，而淪為過去的複製品。他們將過去及將來割裂。創造將來當然不

可能無中生有，我們仍然需要以過去為師；相反，以過去為師，不代表過去就可以桎梏將來，禁閉將來的開放性。過去，一方面應是師法對象，另一方面也應是超越對象，譬如青出於藍而勝於藍。正如海德格所言，過去、現在、將來，應是彼此相連，而非各自獨立存在。每個存在，本來都是由過去、現在、將來所共同構成。

烏托邦始於白日夢

布洛赫進一步說，整個烏托邦思想，基本上始於白日夢。不要小看白日夢，日常生活中有多少小說、童話、戲劇，都是發軔自白日夢？且這些故事也不完全是虛構，而是人類投射不滿現實之情於其中。故此，布洛赫一再強調，烏托邦並非毫無意義，政治理論的烏托邦，便如同小說、童話、戲劇中之虛構世界。儘管如今大家都不再相信烏托邦，正如大家都不再相信童話故事及武俠小說，命運亦似乎無法抵抗，但事實上，每個人心中仍揮之不去虛構世界或烏托邦，因為大家依然相信明天會更好，將來會改變，我們猶未失去希望，不向命運低頭。

但從白日夢到希望之間，其實有段距離。白日夢不受限制，思想可任意馳騁，不過它大抵流於胡思亂想，無法實現。相反，正如上述，希望則是建基於合理之上，在原有各式任意馳騁的念頭中，逐一篩選，使與現實漸次接軌。此外，從白日夢到希望，亦是由無意識到有意識的過程，在此過程中，我們需要有意識去

尋找心中以前從未發現過、不曾存在過、非因壓抑或遺忘而被藏於潛意識中、朝向將來而非過去的全新事物。一旦把握此全新之物，並確定其切於實際，則它將成為希望，且是可實現及具內容的希望。

由於希望必須建基於合理之上，通過有意識的發掘及篩選，而使其成為可實現及具內容之存在，因此，預計便加入希望中，而使希望擺脫單純情感層面（包括作為恐懼對立面），成為認知類型的指導行為，並有異於其他願望、欲望、妄想、幻想等。這種指導行為，自然是指向將來，指導我們如何創造將來，而非回望過去。在這意義下，希望所相對者乃是回憶，並非恐懼，猶開放性之於封閉實體。創造將來，意謂將來有異於現在，現在被改變。若所創造之將來等於烏托邦，則烏托邦基本上是改變現實的範疇。正如上述，過去投射到將來，而於現在改變。

但烏托邦之為烏托邦，比起希望更進一步。希望通常僅就個人言，而烏托邦往往涉及他人，且範圍極廣。無論柏拉圖、馬克思、湯瑪斯・摩爾，他們都認為自己所提出的烏托邦乃放諸四海皆準，具有普遍性，因而所有人皆應服膺。問題正在此。很明顯，他們所構思的烏托邦，皆非以民主方式或科學實踐得來，而不過訴諸於自身理想。我一再提到，烏托邦最大的問題就在於個人與群體間的關係如何平衡。《一九八四》及《美麗新世界》（*Brave New World*），還有其他不少反烏托邦書籍都有個共通處，就是主角往往反對其所處的時代與國度，而結果都是主角在絕望中被徹底

制伏，甚至消滅。譬如《一九八四》的溫斯頓（Winston Smith），他最終不免於死刑，且死前仍要經歷真理部「改造」，使其心悅誠服，熱愛老大哥，方允許死去。事實上，他毋須被殺，亦已然被殺，因為他已喪失自我。他不能不接受這世界與時代。此問題在烏托邦探討中始終解決不了，普遍性壓倒一切，要求所有人絕對相同，個人失去主體性，亦扼殺將來所有可能性。烏托邦之所以總是不免於趨向極端狀態，實由於所有人都有私心，私心是建立美好世界的最大敵人，因此烏托邦主義者最終必須想辦法消滅私心，而消滅私心唯一辦法，似乎就是取消個人主體性。唯有無我，才能無私。然而，失去自我，人類存在仍有意義嗎？縱然因此成功建立烏托邦，那種烏托邦亦不過是由一群行屍走肉者所構成的恐怖國度。你固然可以承認，自己屬於某團體成員，但身為其中一員，與該團體完全代表你，乃是兩回事。你雖然有一極小部分與團體內部氣質相通，但其餘絕大部分都不同，而僅屬於你自己。這些主體性如何能取消？此外，構思烏托邦者，常欲加一己意志於所有人頭上，化主體性為普遍性，殊不知當一己意志普遍周流以後，則該意志不再屬於一己，而原本擁有該一己意志者，亦隨之失去自我。主體性取消的問題，即使探討相關問題如此深刻的布洛赫，我認為亦未得到解決。

此外，由於上述封閉實體的傾向，導致烏托邦主義者往往產生錯覺，以為烏托邦乃一完成式，故念茲在茲，企圖實現烏托邦。殊不知烏托邦既不可能為完成式，且當其實現之日，亦是消失之

時。因為烏托邦一旦實現，就不再是烏托邦。如嚴復解釋「烏托邦」此譯名所云，烏托邦乃「子虛烏有所倚托之邦」，然則，一旦烏托邦成真，「子虛烏有」既不再，「有所倚托」復無從談起，則烏托邦又何烏托之有？換言之，烏托邦只能是個永遠不能實現的目標，或最起碼，不能完全實現，而只能不停追逐。即使烏托邦實現後，仍是烏托邦，且果真如理想般美好，但它是否就如童話故事結局，永遠凝結於那無上美好的一刻而絕不變質？我不以為然。佛家有云，世間無常，時間永不會停下，故縱能實現烏托邦，且烏托邦之義不失，烏托邦亦不可能永不衰落、傾壞、滅亡。若連這項顯淺道理都想不通，何足與言烏托邦？實現烏托邦而又不失其義，且永不衰亡，這種事唯在理念世界可行，現實世界絕不可能。以此為標準，反思過去諸哲學家所提出的種種烏托邦方向，可知他們太過理想，無視現實。

總括而言，《希望原理》一書，其全書大旨，就在於「仍未」。無論人類本身，抑或我們所持希望，乃至於烏托邦，永遠都可以發展變化，而且永遠都有若干目標，有待我們實現，此乃烏托邦思想要義所在。

烏托邦的時間性問題

上述關於時間性問題，或許較為困難，且與日常認知大相逕庭。為何我要大費周章，談論布洛赫的「仍未」？因為，希望與可能性相連，而可能性必須從人類此存在上把握，而要把握存

在，又不能不理解時間性。請牢記，人類不是物件，我們的存在並非單純存在，更涉及自主行動。行動既然自主，其中便必然產生無盡的可能性，於是人類便永遠處於開放而非封閉狀態，永遠有仍未實現的目標等待我們實現。由於仍未，所以待實現目標永遠存在於未來，永未完成，亦永未出現。故布洛赫定義人類為「作為人，我們已經是我們尚未成為的那一個。」（we are *already*, as human, what we are *not-yet*.）。這句話彷彿悖論，我已是個仍未是的存在。雖然將來仍未到，但它已在我計畫之內，所以「仍未是」就包含在「已是」中。譬如我計畫晚上到哪裡吃飯，明日到何處遊玩，三年內要完成某研究計畫，將來要成為某領域翹楚，這些都「仍未是」，但已在我這個「已是」裡。因此之故，反過來說，人類豈不永遠活於時間性內？我們回憶過去、感受現在、計畫將來，凡此種種，都離不開時間，所以把握存在，不能不理解時間性。由於時間性有過去、現在、將來，將來是「仍未是」，故將來自然與可能性相連，而使時間性必然具有可能性，且並歸於人類。

　　一般人認知時間，就是手錶上一秒一秒過去，但這種時間性，只是太陽與其他星體運行的時間性，人類存在的時間性並非如此。人類的時間性就是超越過去與現在而前往將來，這個主張乃布洛赫哲學關鍵所在。以此為基礎，他批判烏托邦的希望原理，指出烏托邦問題就在於，何時才能使白日夢變成事實。所以他似乎已然明白，人類存在最根本的希望，就在於到達一更美好境地。希望最原始的面貌是欲望，布洛赫在開頭時所舉飢餓的例

子，正好足以說明。人類存在首先需要飲食，想飲食就是我們的欲望，我們希望有食物清水以滿足自身飢渴，這是最根本的欲望。動物則不然，牠們不可能要求食物更美味。我們去吃牛肉麵，並不是每間店都好吃，所以會選擇當中最佳者。此即佛家所謂五蘊，「因色而有六根之領受；六根領受於心，而生思量擬度之想；懸想六塵，而生運用施為之行；行動遷流，而生分辨精粗美惡之識。」[2]這正是從欲望提升到希望的過程。總言之，布洛赫指出，希望投進人類意識中，成為某種形同神學的意識形態，而其根本就是欲望。

有希望，才會帶我們入烏托邦思想，故普遍性雖是烏托邦思想一大問題，但同時又似乎是其不可避免的本質，因為每個人都有自身希望，導致烏托邦實際是根據每個個體存在而出發。若普遍性無論如何不能避免，但它又是烏托邦一大問題，則我們是否有辦法將此本質所帶來的問題，盡量減到最少最輕？布洛赫回到個人層面的希望，從如何在生命中實現希望談起。要實現希望，首先要懂得區分何謂可能（possible），何謂可行（probable）。可能就是不一定可行，而我們的任務，就是擺脫可能，尋找切實可行的方法，使烏托邦避免再由於不切實際的理想，而重演過去幾世紀種種慘劇。身為馬克思主義者，正如上述，他盛稱馬克思為人本主義者，故將其尋找切實可行方法的方向，定於以人為本。他重

---

2 《般若波羅蜜多心經註》。

申馬克思當初建立烏托邦的根本主張，就是讓大家得以盡情發揮自身本性。他這個主張固然亦屬希望的一種，但更重要之處在於，其希望更成為自身乃至於整個希望及烏托邦哲學一項極重要的方案，足以彌縫補闕。

所以《希望原理》一書的要旨在於「仍未」，正因為布洛赫認為，馬克思心目中的烏托邦從未實現過，人類本性未嘗得以完全發揮，故大家均仍處於「仍未」狀態。唯有等到馬克思烏托邦實現，大家都完全發揮本性，「仍未」狀態才會解決，我們才成為真正的人，真正成為完人。

實現的行動

由以上所述可見，布洛赫既是馬克思主義者，亦受海德格影響甚深，更流露出不少亞里斯多德的氣息。亞氏說，人永遠處於自我發展及實現的過程上。譬如理性，理性必須經過實現方能顯露，單純知道或言說，並不能令我們具有理性。換言之，我們只能透過行動才會獲得德性。此亞氏所以異於柏拉圖之處。又例如勇敢，把握「勇敢」的概念並不能令你擁有勇敢的德性，而必須行動，實現勇敢，才會變成勇敢的人。其他諸如善、良心、公義、民主，莫不皆然。因此，無論亞里斯多德、馬克思、布洛赫，都強調實現，實現最重要。

如果不去實現，不使之成功，則一切希望都只是純粹希望。「阿拉伯之春」曾努力去實現，可惜沒有成功，中東局勢陷水益

深，蹈火益熱；1989年天安門民運，也曾努力實現，意欲建立民主與公平的社會，惜亦功敗垂成；2019年香港抗爭運動，重蹈阿拉伯之春與天安門民運覆轍，為山九仞，功虧一簣。凡此種種，大家皆是滿懷希望，希望實現自身理想，建立烏托邦。無論香港、台灣、中共國，大家都想自己所居之地變成最理想狀態。為何會有阿拉伯之春、天安門民運、香港抗爭運動？正因為我們所要求的民主、自由、公義，都未實現，所以希望，所以超越，超越當下，並更進一步，以行動實現。但為何我們這些實現行動都失敗？這就需要我們反省。正如布洛赫所說，「Docta spes」，我們要置希望於知識層面去審視。希望自有其歷史規律，必須依此而行，才能實現，否則，只是單純做白日夢。

虛無主義，就是以悲觀心態看待一切，認為世間萬事萬物皆無意義可言。然而，虛無主義不一定悲觀，我們可藉希望，化悲觀為樂觀。希望，就是超越悲觀，賦予世間萬事萬物意義。然則，悲觀虛無主義乃希望原動力，正如同賽跑場上的欄，激勵我們跨過去，超越它。因此，要使希望實現，似乎不能免於悲觀，甚至絕望。這豈不是所謂的哀兵者勝？

如今台灣局勢，基本上相當有希望，毋須悲觀，因為你們已實現民主自由；中共國則毫無希望，只有絕望，以及在絕望中的幻想；香港本來有希望，但已被中共國扼殺。台灣所以有希望，因為有自由，正如上述，希望是開放性，且必須有開放性，才能有變數與可能，因而有希望。四十年前，台灣仍處於白色恐怖，

當時的社會自然毫無希望可言，因無自由。但正由於台灣人不接受現實與命運，仁人志士奮起反抗，前仆後繼，卒化絕望為希望。因此，若你能超越絕望與悲觀，扭轉虛無主義，便有希望。由台灣歷史反省香港與中共國，我們似乎亦毋須因當前的局勢絕望而灰心沮喪。總之，我們應在樂觀與悲觀間，取得平衡，既不太樂觀而輕進易退，亦不太悲觀而一蹶不振，沉著且堅毅以進德修業，鍛鍊自己，待機會成熟，自有大用。

要進德修業，鍛鍊自己，繼而建功立業，有所成就，則需要師法前人，學習往聖先賢的經驗，這是我素來所堅持的主張，而此主張，正與布洛赫所云，「希望自有其歷史規律，必須依此而行，才能實現」之說相同。唯有站在巨人肩上，才可與言悲觀、樂觀、絕望、希望，否則，一切都只是虛妄，只是痴人說夢。不只是學習之後才能希望，甚至連何謂希望，都要重新學習。

空想的作用

談到痴人說夢，布洛赫有異於馬克思批判聖西門（Saint Si-mon）、傅立葉（Charles Fourier）、羅伯・歐文（Robert Owen）等空想社會主義者，他認為空想亦有其實際作用，該作用就是拒絕與現實妥協，而試圖在不受世俗任何束縛掣肘下，矯正現實社會種種積弊。

他指出，摩爾創造「烏托邦」此詞時，一開始即具有虛構與空想成分。「烏托邦」，英文「Utopia」，希臘文「outopos」，其中

「-topos」為「某地方」之意，而「ou-」或「eu-」則兼有「不存在」與「美好」兩義。換言之，「烏托邦」本來就是「某個不存在的美好地方」。但他否定這種想法：烏托邦或存在於世上某地方，即使世上無烏托邦，但烏托邦起碼存在於每個人心中。若大家心中仍有烏托邦，烏托邦就存在，甚至實在。正是如此實在，令空想亦變得具備實際力量。

但是，布洛赫並非提倡不切實際的空想烏托邦；以上述方式理解空想，只是他承繼黑格爾、康德、尼采、謝林（Friedrich Schelling）等人的思想而發。要言之，絕對真理超出現有一切知識論範圍，人類無法掌握絕對真理，但烏托邦涉及絕對真理，故某程度上，烏托邦並無知識論保證，我們僅能以稍為武斷的方式，直接論斷烏托邦內容（這種處理方法基本上與康德相同，但手段卻有異）。在此意義下，烏托邦就是人類以超越方式所能追求及獲得一切之總和，儘管它尚未實現。他強調，烏托邦並非不切實際，相反，正因為它在每個人的意識中，並能表達出來，所以相當實際。

正因布洛赫認為，連空想都有其實際意義，所以烏托邦絕非胡思亂想，而是立足於如何改善人類生活這類實際問題上。不過，必須注意，自18世紀以來，烏托邦往往釀成巨大災難，其中最大的災難莫過於極權主義。因此，如何適度節制烏托邦藍圖，使不再重蹈過去幾世紀的暴政覆轍，在實現藍圖同時，不會危及個人主體性，將是未來烏托邦主義者一道必須面對的難題。

　　要避免烏托邦再度陷入極權暴政困境，首先就要擺脫18世紀以降，一眾思想家以單一指導計畫代替多元經驗主義的慣性思維，且應回歸現實政治，拋棄幻想政治。事實上，過去幾世紀諸般極權暴政，皆源自單一、封閉、浪漫、過度理想等特質，因此，唯有反其道而行，以多元、開放、務實的態度，擘畫烏托邦藍圖，方能避免暴政，有望成功。在此意義下，作為烏托邦原動力的希望，也自然不會流為白日夢。

　　以多元、開放、務實態度理解希望，其實亦符合希望本質。布洛赫指出，希望從未有過任何保證，它僅意謂無限可能，可能實現，也可能不實現，如此而已。希望的本質，同時亦是人類的本質，希望與生命密不可分，故希望乃人類存在的根本要素。換言之，將烏托邦導回多元、開放、務實的正軌上，乃布洛赫實踐馬克思人本主義之手段。烏托邦既然要以人為依歸，首先就要符合人類本性，而無限可能及利己主義，亦即多元、開放、務實，就是人性。

烏托邦思想的意義

　　本課開始時曾介紹過《烏托邦思想在西方世界》（*Utopian Thought in the Western World*）一書，作者愛德華・曼努埃爾（Frank Edward Manuel，1910－2003）認為，烏托邦思想基本上只屬於西方；而我亦曾向大家解釋，我認為華夏傳統並無烏托邦思想。這是由於自儒家成為王官學，因而成為思想主流後，兩千年來，思想已然

穩固，大家並無意欲改變現狀，因此希望亦無從談起，遑論烏托邦。直到太平天國以後，康有為及孫文等人，相繼思考如何帶領華人建立更好的社會。結果，一方面是毛澤東用列寧主義及史達林主義，建立中共國這個極權政體；另一方面，蔣介石則藉三民主義在台灣建立專制統治。無論列寧主義還是三民主義，它們都與華夏文明完全無關，我們的傳統，早在1911年之際徹底斷裂。就算是香港，雖免於列寧主義及三民主義踐踏，但作為大英帝國殖民地，香港人追求所謂普世價值，何嘗非西方思想？

曼努埃爾這部書實在經典，比起布洛赫《希望原理》更有意義。他詳細講述西方幾千年的烏托邦思想，並提出「烏托邦傾向」這個至為重要的概念。與布洛赫相同，曼努埃爾認為人類從未完全擺脫烏托邦傾向，因為我們仍有希望。他指出，過去幾千年，西方社會發展幾乎都與「進步」（progress）密不可分，而之所以有進步，正因為有希望，求改變。當然，基督教思想盛行間之一千年，亦即所謂黑暗時代，就認為人類社會不需要改變，人類只需靜待上帝降臨救贖我們便可，故中世紀一千年停滯不前。但自從文藝復興以降，西方社會突飛猛進，幾百年間，人類社會天翻地覆，尤其近一百年，我們的生活更與過去幾千年截然不同，恍如隔世。凡此，皆進步、希望、改變之功。

而近代西方在巨變的過程中，始終離不開烏托邦陰影，自摩爾《烏托邦》一書以來，柏特李斯（Francesco Patrizi）的《幸福之城》（*La Città felice*）、康帕內拉（Tommaso Campanella）的《太陽城》（*Civitas*

Solis)、培根（Francis Bacon）的《新亞特蘭提斯》（*New Atlantis*）等，烏托邦小說屢有新作。這些作品都是從作者實際社會經驗而來，並呈現出其改變社會之願景，如《新亞特蘭提斯》，則明顯可見培根的科學觀及期許未來知識繼續發展。此外，與古代烏托邦不同，近現代烏托邦的目光皆轉向未來；以往烏托邦如柏拉圖理想國，基本上靜止不動，甚至摩爾的烏托邦，作為近現代烏托邦之祖，亦未全然脫離這種靜止特質。因為基督教在崩潰，科學在興起，世人拋棄天國這個靜止烏托邦，回歸精神於此岸，投入由科學精神所推動的永恆進步觀之中，使烏托邦亦變得具有不斷向前的性質。過去幾十年，電視、電腦、電話相繼出現，直到近來成為世界熱話的人工智能，這些將為我們思考烏托邦造成何種衝擊？仍是未知之數。

　　布洛赫說，真正烏托邦應是能完全發揮人類本性。按此主張思考人工智能問題，則我們不得不問，人工智能具有機動性質（automatic），可自行改變，其與人性有何關係？人工智能的理性，可否代表人類理性？前面提到布洛赫認為，烏托邦應是多元而非單一，應集思廣益而非專斷獨行，然則，今之人工智能，其本身並無主體性，卻是依靠群眾共同貢獻自身知識與經驗而形成，豈非正好體現集思廣益？但是，這種集思廣益，又是否必然屬於好事？它會否威脅人類？人工智能出現不過幾十年，如今似乎已漸現失控之勢，它超越人類，擊敗人類，人類毫無招架之力，我們將來會否被其反過來吞噬？相反，人工智能無需吃飯、飲水、睡

覺、敦倫、排泄，它沒有個性，它只是所有貢獻者思想及意志之總和，故它亦未必如我們所想像般可怕，也不需要如此戒慎恐懼？那些告誡者，有否危言聳聽之嫌？凡此種種，我亦不能回答，留待讀者諸君接力，繼續思考。

儘管我不能回答上述問題，但起碼我可明確告訴大家，無論面對任何問題，首先我們要懂得尋找真正及關鍵問題所在，而一切問題皆離不開人，人才是問題所在。故不論尋找問題抑或思考問題，皆不妨先從人開始切入，你就會發覺，到頭來所有問題，包括烏托邦問題，以及希望問題，都離不開古希臘哲學的核心問題，如何處理人的問題。

最後，為此課程作一總結。

正如過去所述，人類首先就是追求幸福生活，然而何謂幸福，眾說紛紜，莫衷一是；但起碼在此大方向下，我們努力改變現狀，此即希望。大家都有希望，若不細問其內容為何，單就形式而論，希望具有普遍性質。不過，過去由於大家大抵捉錯用神，令希望變得不切實際，因而烏托邦屢試屢敗。如今21世紀，我們得以綜觀過去幾千年烏托邦思想發展，反省其得失，並與當今社會實際情況相結合，從中總結出新的道路，繼續走下去。單純消極反烏托邦，而不給出任何積極建議，實在無濟於事。捷克共和國開國總統、劇作家、哲學家哈維爾有句至理名言，「活在真相」，我為此再加一句「永存希望。」（In veritate vivas spemque custodias）只要我們一息尚存，就應繼續反省世界，會反省就會不滿，會不

滿就會改變，改變意欲就是希望，此即永存希望。有人類就永遠
有希望。

[後記]

是時候交報告了！

莊雅雯｜鋼琴家，東吳大學哲學系兼任助理教授

　　當張老師問我，是否願意為此書寫後記時，真是既驚喜又惶恐。我不過是在2023–24年老師客居台灣講學的這段期間，抓住機會重新當學生聽演講聽課，只能說真是太幸運，也太幸福了！說來很奇妙，會認識張燦輝老師，源自於一通電話。久未聯繫的大學老師來電問我，是否有空可以幫忙開車？原來是要安排張老師賢伉儷去法鼓山及北海岸一遊，我當然是義不容辭。

　　自從認識老師這一年多來，細數曾經聽過的講題包括：攝相現象學、Death and Dying、門窗現象學、哲學做為生命反省：從生死愛欲到幸福和烏托邦、香港三代流亡哲學學者的異鄉思鄉、情愛現象學、家・流亡－哲學對談、清華大學的最後一課「希望哲學」，西田幾多郎紀念哲學館「無相之相寫真篆刻展」等等，另外還參加了兩場新書發表會。

　　《滄海橫流要此身》這本書集結了張老師來台期間的演講，大部分就是我所聽過的。也難怪老師會對我說：是時候交報告了！但若要一一寫報告，恐怕會是件巨大的工程。先說我為何會

這麼努力去聽老師的演講呢？無庸置疑，當然是因為太精彩，相信有讀過、聽過的人，都會同意。其次，還有一些個人的源由：我是個讀哲學，喜愛哲學之人。

　　年輕時原本讀數學的我，歷經家中變故轉讀哲學。因為喜愛現象學，選擇留學比利時魯汶大學。後來雖轉念鋼琴演奏，但哲學卻不曾遠離我。在大學教授通識人文課程近二十年後，有幸碰到了張老師，更加讓我確信：哲學不是離地，不在象牙塔之中。記得第一次聽「攝相現象學」的演講中，正好接獲長輩突然離世的消息，受到很大的打擊。接著我便去聽了另一場「Death and Dying」，之後一場接一場，每個主題都對應到人生會面臨的某個階段，或是我正在思考的種種問題。在老師精闢的闡釋下，古今中外所有的哲學概念，讓我快活優游於大海中，如魚得水。

　　每每在聽這些演講時，總會感覺回到多年前的學生時代，努力做著筆記，享受當下的思想靈光，有時甚至感動得眼角泛淚，內心激動不已。特別是有一次老師告訴我，在清華大學的最後一堂課，會是他在教書生涯的句點。「你來你來！我請你吃小籠湯包。」老師這樣說著，頓時讓我變成像是等著發獎勵的小學生。那天跟年輕人一起坐在課堂上，覺得好光榮。課的主題是烏托邦，是希望，對我來說，非常具有震撼的力量。

　　反思並面對存在，意義，價值，有無，自由，無常，生死愛欲，家，年老……這些人類不斷追索的哲學問題，並從老師的攝相作品，探討影像與觀看，感受歐洲墓園中雕像的永恆之美。這

些真實的體會與共鳴，如繁花，如微風，亦如星光，也像是不絕如縷的音樂一般。擷取演講中我很喜歡的一段話，也推薦給所有讀此書的朋友！

In veritate vivas spemque custodias.
活在真相，永存希望。

或為渡江楫：《滄海橫流要此身》跋

鄭栢芳｜國立清華大學研究生

　　甲辰年七月中旬，諸稿成，張師囑愚作跋，以誌其事。

　　蒙張師不棄，命以筆錄之任，授以述言重責。小子自知愚陋，受此重責，誠惶誠恐，兢兢翼翼。連月以來，夙夜匪懈，挑燈達旦乃為常事；字斟句酌，時一稿數易，時累日定一言，而不以為煩勞。幸不辱命，稿定書成，既泰於釋重負，復喜於付剞劂。

　　是書錄張師於寶島及東瀛各地演講，囊括年老、生死、愛欲、流亡、幸福、烏托邦、生命本身、大學教育反思諸範疇，皆其畢生所研究課題，而薈萃於斯，故此書可謂張師思想精華所在。凡讀書者，既要涉博，亦須扼要。涉博而不知扼要，如撒網而不知提綱；扼要而不知涉博，猶見葉而不見泰山。惟學問所以能自成一家，定然博大精深，錯綜複雜，初學者因而迷亂其中，不知所措。於是世不乏大學者，發慈悲心，著入門書籍，供後學為敲門磚，此譬如讀《六經》則必先讀皮鹿門《經學歷史》，概知其來龍去脈、師承流派、家法異同、用心偏重，然後始可讀經。此言雖大，可以喻小。張師思想，足以自成一家與否，小子隨師日淺，不敢妄議；但就親炙者言，張師學問之深，見聞之廣，思考之密，

253

後學亦未易窺其堂奧。是以此書雖約而不博,難盡見張師思想真諦,猶不失為入門階。張師四出演講,又命愚述言,或亦是愍後學無依,而發慈悲心?

小子不揣愚陋,認為張師弱冠失怙,感而奮發,轉入哲學,故思想之中,尤重生命。其所研究諸如年老、生死、愛欲,固然攸關生命;縱烏托邦、流亡、大學教育反思等,雖始於政治社會,終亦歸於幸福生命。故生命,全書之大旨,讀者不可不察。是書內容雖涉獵廣泛,又各自成篇,各有主題,貌似互不關聯;惟若能把握大旨,自生命角度切入以讀全書,則可見張師之生命思考,無處不在,或明言,或暗示,或流露,或未露,或不露,時隱時現,顯伏不定,猶如雲中之龍,於此見鱗,於彼見爪,待讀者全豹自見。倘捨此大旨而更他求,則是緣木求魚,升山採珠,可謂未嘗讀此書。

是書名為《滄海橫流要此身》,語出完顏金大文人元好問所作〈壬辰十二月車駕東狩後即事五首〉。元遺山中年,歷國破家亡之痛,身陷縲絏之苦,此詩即其寫於金哀宗兵敗出逃時。滄海橫流者,世亂不安義。郭林宗云:「雖在原陸,猶恐滄海橫流,吾其魚也。」王尼亦言:「滄海橫流,處處不安也。」劉長卿又說:「滄海橫流人蕩覆。」然亂極思治,故孫綽有「仲尼見滄海橫流,故務為舟航」之語,此言正遺山「要此身」之意。遺山睹邦國殄瘁,乃有感而發此言,欲灰軀粉身以復故國,安天下,扶危定傾,其情可謂溢於言表。然則張師以此句命名,是否意同於遺山?張

師學問淵博，思路精密，固不在話下，惟最令後學敬佩者，是其憂國憂民之心。故讀此書而不知其生命大旨，是知皮毛膚髮而不知骨肉脈絡；知生命大旨而不知其憂國憂民之心，是知骨肉脈絡而不知精氣神魄，亦可謂未嘗讀此書。

雖然，知而不行，等同不知，此陽明先生所以諄諄再至。是書之成，正可見張師憂國憂民心之踐行，不然，何苦於名成利就之後，以已逾古稀之年，猶南北奔波，四出講學；而不頤愛精神，優游卒歲，含飴弄孫，享天倫之樂？故知而不行，或不明箇中知行合一之心，猶可謂未嘗讀此書。

吾徒親炙於張師，當體承其心其志，要以此身為楫，渡滄海而靖橫流，補穹圓而吞胡羯。

此書由張師主講，小子逐字記錄、草擬、成文、修改、潤飾，最後交張師過目，故若有錯漏，其責主要在愚，不在張師。

宋後七百四十五年夏曆七月廿五撰於風城

左岸政治 389

滄海橫流要此身 流亡哲學人講座

文字／攝影／篆刻　張燦輝

總 編 輯　黃秀如
責任編輯　劉佳奇
行銷企劃　蔡竣宇
美術設計　黃暐鵬

出　　版　左岸文化／左岸文化事業有限公司
地　　址　231新北市新店區民權路108-3號8樓
發　　行　遠足文化事業股份有限公司（讀書共和國出版集團）
　　　　　電話 (02) 2218-1417　傳真 (02) 2218-8057
　　　　　客服專線 0800-221-029
E-Mail　　rivegauche2002@gmail.com
臉書專頁　facebook.com/RiveGauchePublishingHouse
團購專線　讀書共和國業務部 02-22181417分機1124
法律顧問　華洋法律事務所　蘇文生律師
印刷　　　呈靖彩藝有限公司
初版一刷　2025年1月

定價　　　400元
ISBN　　　978-626-7462-39-3（平裝）
　　　　　9786267462386（EPUB）
　　　　　9786267462379（PDF）

滄海橫流要此身：流亡哲學人講座
／張燦輝著.
－初版.－新北市：左岸文化出版：
遠足文化事業股份有限公司發行，2025.01
　面；　公分.－（左岸政治；389）
ISBN 978-626-7462-39-3（平裝）
1.CST: 哲學　2.CST: 文集
107　　　　　　　　　　　113018279